Autismo e mediação

Bricolar uma solução para cada um

Tradução de
PAULO SÉRGIO DE SOUZA JR.

ISABELLE ORRADO
JEAN-MICHEL VIVES

©2020 Les Éditions Arkhê
Autisme et médiation: bricoler une solution pour chacun

Editora	Fernanda Zacharewicz
Conselho editorial	Andréa Brunetto — Escola de Psicanálise dos Fóruns do Campo Lacaniano
	Beatriz Santos — Université Paris Diderot — Paris 7
	Lia Carneiro Silveira — Universidade Estadual do Ceará
	Luis Izcovich — Escola de Psicanálise dos Fóruns do Campo Lacaniano
Revisão	Fernanda Zacharewicz
	André Luiz Rodrigues
Capa	Wellinton Lenzi
Diagramação	Sonia Peticov

Primeira edição: fevereiro de 2021
Terceira impressão: julho de 2022

Dados Internacionais de Catalogação na Publicação (CIP)
Ficha catalográfica elaborada por Angélica Ilacqua CRB-8/7057

O82a

Orrado, Isabelle

    Autismo e mediação: bricolar uma solução para cada um / Isabelle Orrado, Jean-Michel Vives; tradução de Paulo Sérgio de Souza Junior. — São Paulo: Aller, 2022.
    160 p.

    ISBN: 978-65-87399-02-7
    ISBN ebook: 978-65-87399-03-4
    Título original: *Autisme et médiation: bricoler une solution pour chacun*

    1. Transtorno do espectro autista   2. Autismo em crianças — Mediação terapêutica I. Título II. Vives, Jean-Michel III. Souza Junior, Paulo Sérgio de

21-0737

                                                                        CDD 616.8982
                                                                    CDU 616.89-008

Índice para catálogo sistemático
1. Transtorno do espectro autista: Mediação bricolar

Publicado com a devida autorização e com
todos os direitos reservados por

ALLER EDITORA
Rua Wanderley, 700
São Paulo-SP, CEP: 05011-001
Tel: (11) 93015.0106
contato@allereditora.com.br
Facebook: Aller Editora

O bricolador está apto a executar um grande número de tarefas diversificadas; porém, ao contrário do engenheiro, ele não subordina cada uma delas à obtenção de matérias-primas e de ferramentas, concebidas e proporcionadas à medida de seu projeto: seu universo instrumental é fechado e a regra do seu jogo é sempre arranjar-se com os "meios que se tem à mão".

CLAUDE LÉVI-STRAUSS

Sumário

Bricolar uma solução para cada um   7

**Do transido ao trânsito: Colocar
o objeto autístico em movimento**
Desafios e modalidades da mediação no campo do autismo

1. Leo: da melopeia ao esboço de uma fala   17
2. Da iteração à entrada em circuito: a questão do objeto   31
3. O acolhimento da singularidade num atendimento
   em grupo   69

"Os autistas ouvem a si próprios"...
*Estratégias de gestão do objeto voz implementadas
pelo autista para acessar a fala*

4. A voz como objeto e as estratégias de anulação
   do timbre   83
5. Abafamento do timbre: encontrar (-se) uma
   voz para falar   121
6. O autista e a música: um encontro frequentemente
   bem-sucedido   137

Bricolar-se uma assinatura   153

Bricolar
uma solução
para cada um

Nesses últimos anos, o atendimento de pessoas que sofrem de autismo(s) foi o campo de um combate teórico e ideológico extremamente violento; combate que acabou culminando, na França, numa proposta de lei que visava proibir o acompanhamento psicanalítico. A via então preconizada era a oferecida pelas abordagens cognitivistas, centradas numa intervenção educativa, comportamental e desenvolvimental, enquanto a abordagem de orientação analítica, sem recusar a importância da atenção despendida a essas dimensões, empenha-se em fazer imperar uma possibilidade de ser no mundo, atenta à extrema singularidade de cada pessoa.

Deixemos agora esse combate — mesmo que ele ainda seja de uma candente atualidade[1] — e voltemos o nosso

---

[1]O movimento que visa pôr a psicanálise em questão continua ativo. Uma petição recente (22/10/2019), com vistas a fazer com que se proíba a abordagem psicanalítica nos tribunais — e, mais amplamente, nas universidades —, foi lançada por Sophie Robert. Ela se tornou conhecida através do seu documentário *Le Mur* [O muro], lançado em 2011, que denuncia o tratamento psicanalítico das crianças autistas.

8 ■ Autismo e mediação

interesse, enquanto clínicos, a uma característica central do funcionamento autístico, identificada pelas correntes teóricas como um todo: os interesses exclusivos. Frequentemente, as pessoas autistas testemunham uma fixação a um objeto ou a uma área do conhecimento: música, desenho, astronomia, horários e destinos de trens, desenhos animados, a roda de um carrinho, um barbante ou um bastão...

A nossa abordagem propõe considerar esse objeto escolhido como um objeto de mediação que oferece a possibilidade de criar um ponto de contato entre a criança e o clínico. Se o objeto autístico é um objeto transido, congelado — o que imediatamente o diferencia do objeto transicional —, apostamos que considerá-lo objeto de mediação introduz uma discrepância que pode fazê-lo advir como objeto de trânsito, implicando uma entrada em circulação. Levar em consideração o interesse específico da criança torna-se, então, essencial. Com esta obra, portanto, não estamos propondo ao leitor um protocolo de cuidados aplicável a todos. Muito pelo contrário, estamos convidando a bricolar uma solução para cada um. Solução que, apoiando-se na singularidade de uma escolha, abra a possibilidade de um encontro.

A priori, a ideia de bricolagem poderia parecer não muito louvável, na medida em que transmite a ideia de algo mal--acabado, feito com os meios que se tem à mão. A etimologia e a história da palavra *bricoler*, em francês, testemunham bem essa dimensão. Em 1480, bricolar tem o sentido de "ir para lá e para cá" (*Sottie des Vigiles de Triboulet*), implicando a ideia de uma errância mais ou menos orientada. Em 1611, bricolar é "jogar utilizando a tabela" (no tênis real, no bilhar); daí, em 1616, "ricochetear" (falando de uma bola de tênis, de uma bola de bilhar). Essa segunda acepção nos interessa particularmente, na medida em que implica um artifício, como apontado por Corneille em 1634, ao empregar "bricolar" no sentido de "manobrar por meios indiretos". Veremos o quanto essa questão é essencial na clínica do autismo. A "utilização da tabela" revela-se, na maioria das vezes, uma manobra necessária para estabelecer, com uma pessoa autista, um endereçamento que não seja direto. Bricolar se impõe, então. É no século 19 que esse termo ganha a significação de "executar pequenas tarefas". Aparece, aqui, a dimensão modesta dos meios utilizados na bricolagem, o que não exclui em nada uma real eficácia no que concerne aos seus efeitos. No século 20, o sentido fica mais preciso e se estabiliza como "reparar alguma coisa, consertar engenhosamente, do jeito que dá". Duas ideias que surgem aqui nos interessam em particular: a *engenhosidade*, que implica um espírito inventivo oferecendo soluções apropriadas a uma situação, e *do jeito que dá*, que abre para as dimensões de incerteza e de procura. Condensa-se aqui tudo o que nomeamos como prática clínica mediada pela arte, e particularmente com autistas: descoberta e experimentação.

Claude Lévi-Strauss, em *O pensamento selvagem*, nos oferece uma definição da bricolagem que poderá nos guiar ao longo desta obra:

O bricolador está apto a executar um grande número de tarefas diversificadas; porém, ao contrário do engenheiro, ele não subordina cada uma delas à obtenção de matérias-primas e de ferramentas, concebidas e proporcionadas à medida do seu projeto: seu universo instrumental é fechado

10 ▪ AUTISMO E MEDIAÇÃO

e a regra do seu jogo é sempre arranjar-se com os "meios que se tem à mão", isto é: um conjunto finito, em todo e qualquer momento, de ferramentas e de materiais; além disso, heteróclitos, porque a composição do conjunto não está em relação com o projeto do momento — nem, aliás, com nenhum projeto particular —, mas é o resultado contingente de todas as ocasiões que se apresentaram de renovar ou de enriquecer o estoque, ou de alimentá-lo com os resíduos de construções e de destruições anteriores. O conjunto dos meios do bricolador não é, portanto, definível por um projeto (o que suporia, aliás, como para o engenheiro, a existência de conjuntos instrumentais em mesmo número que os gêneros de projetos, ao menos em teoria); ele se define somente pela sua instrumentalidade, dito de outro modo — e para empregar a própria linguagem do bricolador —, porque os elementos são recolhidos ou conservados em virtude do princípio de que "isso ainda pode servir". [...] Ora, o próprio do pensamento mítico, como da bricolagem no plano prático, é elaborar conjuntos estruturados não diretamente com outros conjuntos estruturados, mas utilizando resíduos e cacos de acontecimentos: *odds and ends*, diria o inglês, ou, em francês, *des bribes et des morceaux* [fragmentos e pedaços], testemunhas fósseis da história de um indivíduo de uma sociedade.[2]

O fim da proposição de Claude Lévi-Strauss ("utilizando [...] fragmentos e pedaços, testemunhas fósseis da história

---

[2]LÉVI-STRAUSS, C. (1962) *O pensamento selvagem*. Trad. T. Pellegrini. Campinas: Papirus, 1989, p. 32-33, trad. modificada.

de um indivíduo") nos oferece uma primeira solução no que concerne à orientação geral do trabalho com os autistas sob os auspícios da bricolagem, e já permite situar essa última do lado da arte de acomodar os restos...

Com base nisso, uma prática mediada *pela arte* é para ser entendida no sentido que Lacan confere à arte: um hiperverbal. Não se trata, em nenhum caso, de convocar a arte por conta de pseudopropriedades apaziguadoras, mas pela sua capacidade de estar em contato com o real, isto é, de conseguir chegar a um dizer que se destaca do blá-blá-blá. Bem mais que uma prática, "pela arte" é uma orientação que visa à relação sempre singular de um ser com a sua existência e que implica, necessariamente, a presença de um parceiro--analista. Esse último, sem particulares expectativas com um resultado qualquer, mas não indiferente às apostas do encontro, estará atento aos interesses desenvolvidos pela pessoa autista durante as sessões, mas também fora delas. A experimentação está no cerne do trabalho.

Bricolar já não é, então, uma construção feita nas coxas, mas algo da ordem de uma técnica e de uma atenção com o que se está elaborando e que, com base nisso, implica "traquejo" e "invenção". Aí está um ponto essencial que almejamos evidenciar com esta obra. O traquejo compete à técnica psicanalítica e à condução do tratamento; a invenção surge da atenção dada às proposições, às vezes ínfimas, das pessoas autistas e da utilização que delas se pode fazer para aumentar as apostas do encontro clínico. É nessa dinâmica que a relação com os objetos, tão específica no autismo, pode ter uma chance de se inscrever em novos circuitos, com o objeto perdendo o seu estatuto transido para ocupar uma

12 ▨ Autismo e mediação

função de trânsito. Assim, o objeto autístico pode advir como objeto de mediação que torna a presença do outro suportável e o seu encontro, possível. É a essa questão que dedicaremos a primeira parte desta obra.

A segunda irá se empenhar em precisar como um enganchamento no Outro, lugar da linguagem, é então possível. Para isso partiremos de uma das manifestações mais marcantes do autismo: a sua relação singular com a voz e com as suas declinações. O autista frequentemente não fala e, quando fala, uma estranheza se faz ouvir: voz monocórdia ou voz cantarolante, que indicam um tratamento específico do objeto voz. A voz como objeto pulsional é o que vetoriza o desejo do Outro. A clínica nos mostra que as manifestações de interesse que alguém pode demonstrar pela criança autista, algumas formas que elas assumem, são vividas por ela como intrusivas, ou até mesmo insuportáveis. Testemunho da sua impossibilidade de tratar esse objeto, daí decorre a sua dificuldade em se inscrever na fala. É por isso que, nessa segunda parte, serão de nosso particular interesse as diferentes estratégias que o autista implementa, espontaneamente, a fim de poder se expressar. Falar em estratégia — o que não é habitual no vocabulário analítico — nos permite colocar em destaque a parte ativa do sujeito nos mecanismos de defesa ou de evitação que ele implementa. Aqui utilizamos deliberadamente o termo "sujeito", e não "pessoa". Do nosso ponto de vista, os mecanismos — tais como as estereotipias, a ecolalia, ou ainda os usos particulares da voz — testemunham uma posição subjetiva da pessoa para tratar o seu entorno, o seu Outro: a pessoa é submetida a diversos transbordamentos; o sujeito tenta encontrar aí uma resposta[3]. Ao longo desta obra, "pessoa" e "sujeito" devem, portanto, ser entendidos a partir dessa distinção.

Seguindo essa direção, podemos erguer o véu disto que poderia se apresentar como um paradoxo: embora o autista não fale, ele se expressa. Para tanto, utiliza diferentes subterfúgios: em especial, ricochetes — despistando, assim, a questão do endereçamento — ou uma modulação de sua voz. Essas estratégias já foram identificadas por um bocado de clínicos que, a partir delas, elaboraram modalidades de comunicação que permitem travar contato com o autista. Os cognitivistas, que observaram como, na pessoa autista, a linguagem frequentemente se vê reduzida a um código, estabeleceram, com base nisso, diferentes protocolos de aprendizagem por meio de pictogramas. Também poderíamos citar Asperger, que propunha endereçar-se aos autistas com uma voz monocórdia, desafetada, a fim de fazer com que o "obedecessem"; ou ainda Marie-Christine Laznik, que, sabendo identificar a importância da prosódia no enganche linguístico, fez dela um instrumento terapêutico. Cada uma dessas abordagens atém-se a uma dimensão do tratamento do objeto voz pelo autista: a não vocalização (recusa em atribuir à voz uma dimensão sonora), o destimbramento da voz (voz monocórdia) e, por fim, a sua melodização (criação de uma capa melódica que não se endereça ao outro, mas a partir do qual o autista se ouve). A nossa hipótese é a de que essas três estratégias visam manter à distância aquilo que, na voz, é insuportável para o autista: o peso real do sujeito que a ele se endereça.

---

[3]"Sujeito" não deve ser entendido aqui, evidentemente, como sujeito do inconsciente, tampouco como efeito da cadeia significante.

Como afirma Lacan: "Comumente, o sujeito produz a voz. Digo mais, a função da voz sempre faz intervir no discurso o peso do sujeito, o seu peso real"[4].

Elemento central em nosso desenvolvimento, nós vamos mostrar, através da clínica do autismo, que essa presença do peso real do sujeito acha por onde se expressar, no campo sonoro, através do timbre — que constituiremos como o ponto de real que excede a fala. Para as pessoas autistas, então, será o caso de bricolar-se uma voz a fim de poderem tomar a palavra.

Essa bricolagem — que só pode ser feita caso a caso — implica, de fato, que não teríamos como propor um protocolo convidando as pessoas que se ocupam de autistas a se endereçar a eles com uma voz monocórdia, ressaltando a prosódia da frase, ou ainda passando por imagens, mas sim a inventar, em cada um dos seus encontros, a modalidade de endereçamento — utilizando, às vezes, várias tabelas — que irá permitir entrar em contato com o autista. Bricolar para que um caminho que vai do sujeito ao Outro, através de um objeto que passaria do estatuto de transido ao de trânsito, possa se desenhar.

---

[4]LACAN, J. (1958-1959) *O seminário, livro 6: o desejo e sua interpretação*. Trad. C. Berliner. São Paulo: Zahar, 2016, p. 415, aula de 20 de maio de 1959.

PARTE I

Do transido ao trânsito:
Colocar o objeto autístico em movimento

Desafios e modalidades da mediação no campo do autismo

■■■■ CAPÍTULO 1

Leo: da melopeia ao esboço de uma fala

Leo é um garotinho de quatro anos diagnosticado como "autista". É seguindo os diferentes momentos do seu atendimento que salientaremos os mecanismos psíquicos que agem no autismo. Nós iremos considerá-los como sintomas no sentido analítico, então. Neste primeiro capítulo, eles serão apresentados de forma essencialmente clínica; depois, ao longo da obra, serão retomados, detalhados e desenvolvidos para aclarar os seus funcionamentos.

De que sujeito se trata?

O sintoma compreendido pela psicanálise

O sintoma é um fenômeno, perceptível ou observável, ligado a uma doença. Freud descobre e constrói a

18 ■ AUTISMO E MEDIAÇÃO

psicanálise[1] demonstrando que o sintoma é a manifestação de um conflito psíquico. Presa entre duas instâncias que se opõem — o isso (lugar das pulsões) e o supereu (lugar da moral) —, a pessoa encontraria uma posição subjetiva suportável criando um compromisso: o sintoma. Uma conceituação como essa implica, de fato, não procurar fazer imediatamente com que o sintoma ceda, mas sim indagar, e então delimitar, o que de inconsciente está em jogo nessa estranha formação do inconsciente.

Com efeito, um dos elementos particularmente intrigantes da prática psicanalítica é que, contrariamente a todas as psicoterapias, sua dimensão terapêutica está ligada, no período dos encontros com o paciente, a uma suspensão da questão da "cura". Embora continue sendo um dos desafios do encontro com o paciente, a cura não é aquilo que é diretamente visado. Assim, em 1923, num momento em que a técnica psicanalítica já está bem estabelecida, Freud afirma o seguinte: "A remoção dos sintomas não é buscada como objetivo especial, mas resulta quase como um ganho secundário no correto exercício da análise"[2]. O que Lacan, em 1955, radicalizará como: *a cura vem por acréscimo*. A fórmula, que virou um encantamento para alguns psicanalistas, foi com frequência mal-entendida. No entanto, a proposição lacaniana é precisa: "se admite a cura como um benefício adicional do tratamento psicanalítico, ele

---

[1]Num primeiro momento, essa descoberta e a construção do modelo teórico-
-clínico freudiano realizaram-se no campo da neurose.
[2]FREUD, S. (1923) "Psicanálise" e "Teoria da libido". In: *Obras completas, vol. 15: Psicologia das massas e análise do eu e outros textos (1920-1923)*. Trad. P. C. de Souza. São Paulo: Companhia das Letras, 2011, p. 297.

[o psicanalista] se previne contra qualquer abuso do desejo de curar [...]"[3].

Essa posição será lembrada, reafirmada e explicitada em 1962, durante o seminário "A angústia":

> Lembro-me de ter provocado indignação [...] ao dizer que, na análise, a cura vinha por acréscimo. Viram nisso não sei que desdém por aquele de quem nos encarregamos e que está sofrendo, enquanto eu estava falando de um ponto de vista metodológico. É certo que a nossa justificação, assim como o nosso dever, é melhorar a posição do sujeito.[4]

O princípio é claro: o psicanalista não se atém ao desaparecimento do sintoma; no entanto, os efeitos de "cura" não lhe são indiferentes. Trata-se, como Lacan propõe com perspicácia, de conduzir a uma melhora da posição do sujeito. Num tratamento padrão, o ato do psicanalista orienta-se a partir da análise das produções oriundas do inconsciente do paciente: sonhos, atos falhos, lapsos... É esse trabalho que vai permitir a melhora da "posição do sujeito" e, consequentemente, o desaparecimento ou o rearranjo dos sintomas. Aí está o que se pode entender da fórmula "por acréscimo".

Porém, essas formações do inconsciente não são operacionais na clínica do autismo. É isso que o caso de Leo vai nos mostrar. Com base nisso, será que se pode considerar a

---

[3]LACAN, J. (1955) Variantes do tratamento padrão. In: *Escritos*. Trad. V. Ribeiro. Rio de Janeiro: Zahar, 1998, p. 327, trad. modificada.
[4]LACAN, J. (1962-1963) *O seminário, livro 10: a angústia*. Trad. V. Ribeiro. Rio de Janeiro: Zahar, 2005, p. 67, aula de 12 de dezembro de 1962, trad. modificada.

abordagem analítica como sendo adequada ao atendimento de uma pessoa que apresenta sintomas autísticos? Sim, se aceitarmos elevar as diferentes manifestações produzidas pela pessoa autista à categoria de sintoma no sentido analítico do termo. Isso implica, então, uma "metodologia" — para retomar o termo de Lacan — diferente. Nesse caso, o trabalho não consiste em decifrar, através da interpretação, aquilo que o inconsciente teria criptografado, mas em considerar o sintoma enquanto testemunha da forma como o sujeito trata a sua relação com o real.

Com isso, a psicanálise não teria como ser um protocolo que se aplica a todos, mas sim um dispositivo reinventado pelo psicanalista para cada um: uma bricolagem no sentido em que Lévi-Strauss nos permitiu definir anteriormente. No campo do autismo, o desafio é estabelecer as condições que permitem o encontro com o paciente, e isso a partir do que ele nos apresenta e que propomos considerar não um comportamento patológico, mas já como uma posição subjetiva. Aí está, sem dúvida, a proposição mais surpreendente oferecida pela psicanálise: o sintoma é, ao mesmo tempo, aquilo que sobrecarrega o paciente e o faz sofrer; mas também, de igual maneira, o testemunho de uma manifestação subjetiva — e, nesse sentido, levá-lo em conta é a "via régia" que conduz à aproximação da "posição do sujeito". Foi essa atenção respeitosa com os sintomas de Leo que orientou o nosso trabalho.

Leo, entre estereotipias e ecolalias

Leo está com quatro anos quando nós o encontramos, depois de ter sido diagnosticado como autista. Alguns dos seus comportamentos, redobrados com a entrada na escola, interpelaram os seus pais: Leo não está presente na conversação; não brinca com as outras crianças; recusa-se a segurar a caneta... O garotinho parece preferir o isolamento ao contato social. Passa muito tempo brincando sozinho com os seus carrinhos. Ele os enfileira, depois seleciona um — sempre o mesmo — e fica fazendo vaivém com ele. Quando os pais ou a professora pedem que ele pare — ou mesmo o obrigam a parar —, ele bate a cabeça contra as paredes até conseguir se machucar.

Essas manifestações são frequentes na clínica do autismo. O carrinho que Leo selecionou e que ele leva consigo o dia inteiro constitui o que convém chamar de "objeto autístico". Esse objeto tem um funcionamento muito preciso e ocupa um lugar particular na economia psíquica do sujeito. Ele não pode ser aproximado da naninha, objeto transicional, que geralmente acompanha as crianças pequenas. Não é a representação da mãe numa perspectiva de simbolização da sua ausência. Ao contrário, o objeto autístico serve para bloquear a efração que, para esses sujeitos, a perda constitui. A criança autista nele se engancha fazendo desse objeto um objeto real que permanece engatado ao corpo. Com isso, ele vai constituir a base da proteção que ela almeja edificar para colocar-se a salvo de um mundo percebido como caótico. Os diferentes escritos das pessoas autistas, aos quais iremos nos referir ao longo da obra, são disso testemunha. No caso de Leo, de fato podemos observar que ele não se contenta com segurar esse carrinho na mão; ele também o coloca num movimento de vaivém — uma estereotipia. Essa manifestação permite que Leo constitua uma barreira entre ele e o mundo a fim de criar um espaço seguro. Reconhecemos aqui a dupla função do sintoma: de um lado, ele fecha o menino; do outro, o protege. Compreendemos, então, que a imposição de parar com esses movimentos o leva a ter comportamentos autoagressivos. Para Leo, há um forçamento do seu espaço que gera uma crise na qual ele pode procurar fazer mal ao seu corpo a fim de recuperar a sua continência. Quanto mais a relação com a linguagem no autismo se mostra específica, mais pregnantes são essas manifestações.

Leo quase não produz falas espontâneas e discerníveis. A sua falta de articulação faz com que apenas os pais o compreendam. Na maioria das vezes, as suas estereotipias vêm acompanhadas de uma produção sonora: uma melodia obtida a partir de modulações da voz. Em contrapartida, na escola ele consegue reproduzir perfeitamente as recitações e musiquinhas aprendidas, fazendo com que cada palavra seja então compreensível. Essa observação feita pela professora é extremamente interessante, pois nos permite afastar de imediato toda e qualquer hipótese de um transtorno disfuncional, conduzindo-nos então a uma análise mais fina. Com efeito, as crianças autistas são frequentemente capazes de reproduzir — em sua *integralidade* e *com a exata entonação de origem* — diálogos de desenhos animados, propagandas, cantigas, ou ainda poesias: essas produções linguísticas têm em comum o fato de que a sua dimensão prosódica é salientada e, frequentemente, realçada. Tudo se passa, então, como se as crianças autistas se encontrassem em posição de receptor-gravador: as falas do outro, essencialmente em sua dimensão musical — é o contorno melódico e rítmico que é salientado na reprodução —, são devolvidas ao ambiente sem que a pessoa autista, pronunciando-as, tenha de nelas se engajar. Assim, elas permanecem como falas de um outro, tal como testemunhado pelo mecanismo da ecolalia, do qual Leo pode igualmente se utilizar.

Com efeito, quando alguém se dirige a ele, Leo reproduz as palavras ouvidas como num eco, mas com um tom mais agudo; o seu olhar é fugidio ou ausente em si mesmo:

— Bom dia, Leo!
— Bom dia, Leo!
— Você quer desenhar?
— Você quer desenhar?

Leo recupera as mesmas palavras e as mesmas entonações que o seu interlocutor. Logo, podemos entender que a dimensão de "devolução" aqui em ação está intimamente ligada à voz.

Lacan situou a voz, assim como o olhar, como objeto pulsional ligado ao desejo. "Desejo do Outro", no caso da voz. Essa dificuldade, tão notável nas pessoas autistas, de suportar o olhar ou as palavras que lhe são endereçadas vai levá-las a investir a linguagem de uma forma que iremos considerar específica, e não deficitária. Particular em seu vínculo com o significante, mas igualmente em sua forma de investir o objeto voz ou, antes, de mantê-lo à distância. Todo o desafio será, então, encontrar um uso específico da voz que permitirá ficar a salvo de toda e qualquer dimensão de endereçamento para que uma fala seja possível. Abordar a linguagem pela melopeia ou utilizando-se de uma tessitura aguda são como que bricolagens que Leo implementou. Ele deverá encontrar um parceiro-analista para que uma fala se esboce.

Leo e o trenzinho do significante

Leo aceita com muita facilidade separar-se dos pais para entrar na sessão. Na sala do consultório ele localiza um trem em uma prateleira, pega-o para si e se estira no solo. Cola a cabeça no chão, colocando a orelha no assoalho. Impulsiona o trem num movimento de ida e volta. O seu olhar permanece capturado por esses movimentos repetitivos, que ele acompanha com uma melopeia. Nenhum corte é discernível. No entanto, de longe, as entonações que ele produz poderiam dar a impressão de que ele está se expressando, de que ele está falando. De tempos em tempos, aliás, uma ou outra palavra se deixam deduzir: "trem", "mamãe"... Nenhuma de nossas intervenções o demove da sua ocupação. Acompanhamos a sua melopeia com a nossa voz; tentamos interpelá--lo; brincamos com um carrinho ao seu lado para tentar fazer com que ele se interesse por aquilo que estamos fazendo. Nada adianta! Leo mantém a cabeça colada no chão. Várias sessões se desenrolam assim.

Chega então o dia de uma sessão decisiva. Pegamos um veículo, colocamos um bonequinho dentro e nos estiramos no chão de frente para ele. Ficamos numa posição quase idêntica à sua. A única diferença: nossa cabeça não está colada no chão. Após ter feito alguns vaivéns com o nosso veículo, nós o fazemos passar em paralelo com o trem dele, comentando com um ar cantante: "Estou indo passear". Ficamos de joelhos e levamos o carro mais longe. Leo acompanha esse movimento. Ele se levanta do chão para ficar de joelhos e o seu trem começa a seguir o carro. As sessões seguintes se desenrolam no mesmo molde. Adotamos uma posição quase simétrica à dele, daí nos impulsionamos num movimento, o qual Leo acompanha. Tudo parece se desdobrar aqui no pequeno distanciamento introduzido pelo analista. Ele tem de ser suficientemente grande para que Leo não se sinta invadido e suficientemente pequeno para que ele possa pegar o gancho. Esse garotinho encontra aqui um parceiro no qual se apoiar para encetar um verdadeiro trabalho terapêutico. Paralelamente, a sua linguagem se modifica. Leo já não responde em eco, mas utiliza fórmulas feitas, prontas, que ele emplaca seja qual for o contexto. Por exemplo: "Óbvio!". Assim, quando a mãe perguntar "Você tampou a canetinha?", ele vai responder "Óbvio!", sendo que não o fez.

Construir um circuito para colocar-se em marcha

Em sessão, Leo vai utilizar o corpo do analista para organizar a trajetória do trem. Faz com que ele dê a volta em torno do nosso corpo, mas também o faz passar por debaixo das nossas pernas. Mais exatamente, ele faz o trem passar e, acompanhando-o, passa também ele debaixo das nossas pernas — testemunhando, assim, que esse objeto, que adquire um valor autístico, não pode ser separado do seu corpo. O trem pode ir tanto na frente quanto atrás, mas não para nunca. Nós indagamos com um ar cantante: "Mas onde será que esse trem tá indo?". Com o auxílio de cubos, vamos construindo prédios e nomeando conforme as palavras que Leo começa a pronunciar: "estação", "escola", "casa"[5]...

---

[5]Já havíamos feito uma proposta como essa noutro momento. Leo só aderiu parcialmente, conduzindo o trem de um local a outro sem marcar paradas, retomando depois a sua brincadeira de vaivém sem se preocupar com os prédios. Mas dessa vez ele vai dar outro destino à nossa iniciativa.

26 Autismo e mediação

Progressivamente ele vai integrando esses prédios num circuito. Num primeiro momento, o trem passa na frente sem parar. Então acrescentamos bonequinhos aos quais emprestamos a nossa voz com uma tessitura aguda: "A gente quer subir no trem!" — eles dizem. Leo para a locomotiva no nível deles. As paradas começam a ritmar o circuito do trem. É aí que um elemento do comportamento de Leo chama a nossa atenção: a cada vez que o seu veículo para numa etapa, ele faz com que o(s) bonequinho(s) saia(m), estira-se no chão e cola a cabeça. As estereotipias voltam. Vemos aqui que Leo parece acoplado ao objeto. Precisamos, então, reiniciar um movimento para que ele possa recolocar o trem em marcha.

Paradas que sacodem: um espaço se estrutura

Durante uma das sessões seguintes, Leo se apropria de um novo objeto, uma portinha de brinquedo. Cola-a contra um pé da escrivaninha e faz com que ela suba e desça num movimento incessante. A estereotipia já não é simplesmente horizontal, colocando-se no plano do chão, mas explora além disso uma dimensão vertical. Pontuamos esse vaivém com um sonoro: "Embaixo!", "Em cima!" — uma marcação significante que, escandindo o movimento, organiza-o como deslocamento. Leo marca tempos de parada quando a porta atinge uma das extremidades. Nessa ocasião, ele a chacoalha. Comentamos: "O elevador chacoalha quando para!". Então recorremos a um boneco; ele pede para subir nisso que acabamos de chamar de "elevador". Leo abre a porta e colocamos o boneco. Ele torna a fechar a porta e faz subir o elemento de construção, assim transformado em elevador.

Quando chega no alto, indicamos: "Em cima! Cheguei!". O espaço da escrivaninha fica então acessível aos bonecos, e Leo desenvolve, também ali, deslocamentos. Estes começam a ser pegos numa malha significante: "estação", "escola", "casa", "elevador"... Os veículos e personagens avançam, recuam, sobem e descem. Amparando-se em significantes, então, um espaço se estrutura.

Observemos que, paralelamente à estruturação do espaço, a linguagem de Leo vai evoluindo: cada vez mais palavras são discerníveis, e um comecinho de construção de frase aparece. Assim, diante de uma gaveta fechada, Leo consegue dizer: "Tá fessado", "A gente tlanca". Ele consegue procurar o trem no cômodo dizendo: "Cadê tlem?". Quando, com o nosso dedo, apontamos para um curativo na perna dele e lhe perguntamos "O que é isso?", ele responde: "Tô com dodói". Leo começa a suportar a demanda do outro e aos poucos vai endereçando os seus enunciados, tornando-os compreensíveis.

Uma cancela se abre...

Leo entra na sala do consultório e se apropria de uma cancela na qual figura uma placa de "Pare". Ele se endereça a nós: "Que quié? Ó." Nós respondemos: "É uma placa para dizer 'Pare! Não pode passar'". Então pegamos um veículo e fazemos ele dar uma volta. Paramos na frente da cancela, Leo a levanta e passamos com o carrinho. Mas, na volta seguinte, Leo não baixa a cancela, o que nos leva a fazer com que o carrinho fique incansavelmente dando voltas ao redor dele, sem que nenhuma parada seja possível. E ali estávamos nós, presos numa estereotipia. Decidimos então parar o veículo na frente de Leo e indagar: "Bi-bi! Pode passar?". Ele responde "Pode!", com uma voz bem aguda, ao mesmo tempo que o seu corpo estremece. Com isso, pontuamos cada volta com essa mesma pergunta, que ele responde com júbilo. Em seguida, ele próprio modifica a brincadeira: no local de costume em que vínhamos parando o veículo para pedir autorização para passar, Leo posiciona o braço fazendo uma cancela que para o circuito do carro, e então diz "Aberto", erguendo o braço — que ele torna a baixar assim que o carro passa. "Aberto" e "Fessado" escandem a circulação do veículo. Dessa vez, essa marcação significante não vem do analista, mas é produzida por Leo; e o seu corpo já não se esparrama ou espatifa no chão.

... para um possível encontro com o outro

No decorrer das sessões, os trajetos vão ficando mais complexos e o número de veículos postos em circulação aumenta. Por exemplo, Leo pega o trem, que ele coloca nos trilhos com os quais construiu previamente o circuito. A ferrovia inclui uma passagem de nível ao redor da qual estão presentes alguns carros. Quando ele avança com o trem, para nesse nível, pega um carro que está num canto, faz com que ele atravesse a passagem de nível, depois torna a pegar o trem e faz com que ele continue o seu caminho. Carro e trem podem agora se cruzar. O deslocamento de um leva em conta a presença e o deslocamento do outro. Vemos aqui como o corte já não confronta Leo a um vazio abissal, mas se articula a uma possível retomada.

Esse avanço não se limita aos objetos. Assim, ao dar com o pé em nosso joelho quando estava se deslocando no cômodo, ele se vira e pergunta: "Massucô?". Noutro momento, em que ele para e olha para um rabisco feito por outra criança no cavalete presente na sala do consultório, nós indagamos: "É bonito?". E ele responde na lata: "É bonito, sim". Desvia o olhar, afasta-se e então para; aí ele se vira para o desenho, de novo, e diz: "Não, não é bonito". A possibilidade de uma fala espontânea se esboça.

Na escola, o comportamento de Leo se apaziguou. Embora o seu nível de linguagem ainda permaneça marcado por muitas dificuldades, hoje ele tem produções verbais construídas e espontâneas que permitem que ele se comunique e, até mesmo, se expresse. Assim, agora ele consegue brincar com outras crianças.

████ CAPÍTULO 2

Da iteração à entrada em circuito: a questão do objeto

Estereotipia: uma lógica de reiteração

Ao entrar na nossa sala pela primeira vez, espontaneamente, Leo se apropriou de um trenzinho e aplicou-lhe um movimento repetitivo: vaivéns. Trata-se aí, como já indicamos, de uma ação dita "estereotipada". Esse sintoma, que é uma manifestação clínica importante, explana a lógica em ação no autismo. Exploremos aquilo que a impulsiona.

O que diferencia a repetição da reiteração?

Para o dicionário *Littré*, a estereotipia é uma repetição frequente, descontrolada e parasitária de atitudes, gestos e palavras. Etimologicamente, esse termo vem do grego *stereos* (que significa firme, duro ou, ainda, sólido) e de *typos* (impressão, marca). A estereotipia pode, então, ser definida como uma marca firmemente reproduzida, uma impressão forte que só pode ser repetida. Como compreender essa manifestação sintomática?

A repetição é um mecanismo importante em todo processo de aprendizagem. Por exemplo, quando a criança aprende a pular, ela vai reproduzir esse movimento diversas vezes até dominá-lo — igual ao que os atletas fazem para melhorar seus desempenhos. O jogador de basquete vai treinar arremessos repetindo inúmeras vezes o movimento. A repetição permite aqui aperfeiçoar o domínio do gesto.

Em latim, *repetere* é traduzido como "procurar para compreender". Reconhecemos aqui o procedimento científico: o pesquisador pode reproduzir um experimento diversas vezes — modificando mais ou menos as variáveis — para compreender o mecanismo de um fenômeno. Essa lógica também é encontrada naquilo que chamamos de idade dos *"Por quês?"*, com as incansáveis perguntas das crianças: "Por que as nuvens são brancas?", "Por que o céu é azul?", "Por que os cachorros fazem xixi na rua?"… Entendemos aqui, justamente, que a criança está tentando compreender o mundo que a cerca, arriscando repetir infinitamente uma mesma pergunta.

Isola-se um ponto comum: repetir é *reproduzir para tentar dominar*. O Homem tenta fisgar alguma coisa (o domínio de um gesto, a compreensão de um mecanismo…) que, quanto mais escapa, mais é levada a ser reproduzida. Ela está ligada a uma trajetória a partir da qual, como numa série de televisão,

DA ITERAÇÃO À ENTRADA EM CIRCUITO: A QUESTÃO DO OBJETO ▓ 33

poderíamos dizer: "Continua no próximo capítulo!'". Vemos um movimento se desenhar, então. Contrariamente ao que se poderia pensar, a repetição não reproduz o mesmo, mas progride em busca de um nível de equilíbrio. É o que Freud chama de "princípio de prazer", tendo como motor um princípio de homeostase que busca obter uma satisfação. A estereotipia, tal como exposta no caso de Leo, testemunha uma outra lógica, ou melhor, revela uma outra dimensão presente no cerne da repetição. Na estereotipia, o movimento não é evolutivo; ele se fecha sobre si mesmo, isso sim. Leo não repete o vaivém do trem com uma vontade de aprendizagem; ele é, antes, seu prisioneiro. Esse comportamento aparenta escapar-lhe, apenas a compulsão parece estar no comando. Aliás, isso é o que torna tão difícil para ele parar esse movimento, que está fora de controle. Freud já havia isolado esse mecanismo e falado em *repetição coercitiva*.

Em 1920, Freud evidencia a existência de um além do princípio de prazer[1]. A partir do conjunto de sua experiência — analista à escuta de pacientes que descrevem os fenômenos que os assolam —, Freud volta atrás em suas posições e faz a

---

[1] A partir de 1914, em "Recordar, repetir e elaborar", Freud fala em "coerção de repetição", que ele situa como uma colocação em ato no tratamento analítico, e mais precisamente na transferência, daquilo que não se pode recordar — e, portanto, dizer — do passado (FREUD, S. [1914] Recordar, repetir e elaborar. In: *Obras completas, vol. 10: Observações psicanalíticas sobre um caso de paranoia relatado em autobiografia (O caso Schreber), artigos sobre técnica e outros textos (1911-1913)*. Trad. P. C. de Souza. São Paulo: Companhia das Letras, 2010, p. 193-210, trad. modificada). É só em 1920 que ele irá qualificar essa coerção como além do princípio de prazer (FREUD, S. [1920] *Além do princípio do prazer*. Trad. M. R. Salzano Moraes. Belo Horizonte: Autêntica, 2020). Nota do tradutor: O termo a que J.-M. Vives se refere é, em alemão, *Wiederholungszwang*, também traduzido como "compulsão de" ou "compulsão à repetição".

34 ▪ AUTISMO E MEDIAÇÃO

constatação de que o psiquismo humano não é regulado por um princípio de homeostase:

> Se existisse um domínio como esse [o do princípio de prazer], a imensa maioria de nossos processos anímicos deveria ser acompanhada de prazer ou conduzir ao prazer, ao passo que a experiência mais comum contradiz energicamente essa conclusão.[2]

Podemos ilustrar isso por meio de uma atitude corriqueira entre as crianças: assistir a um filme que dá medo e que, em nenhum caso, termina em prazer. Ao contrário, terá mais a tendência de provocar medo, angústia, ou até pesadelos. É o além do princípio de prazer que está operando aqui. O caminho então trilhado não é uma vontade consciente da criança; digamos, isso sim, que ela é *coagida a*. É aqui que o termo "coerção" adquire todo o seu valor: a repetição coercitiva age como um automatismo. Isso é o que vai levar Lacan a abordar a lógica da repetição a partir do *automaton*. Em grego, o *automaton* é "aquilo que move a si mesmo". Reconhece-se esse ponto essencial no mecanismo de um autômato bem conhecido: o relógio. Ele possui nele próprio os propulsores que causam o seu próprio movimento. O *automaton* pode se deixar apreender pelo conceito matemático de recorrência[3].

O raciocínio por recorrência ampara-se numa lógica na qual, se uma proposição é verdadeira na ordem *n*

---

[2]FREUD, S. (1920) *Além do princípio do prazer*. Trad. M. R. Salzano Moraes. Belo Horizonte: Autêntica, 2020, p. 65.
[3]Lacan introduz essa referência no seu seminário "La logique du fantasme" [A lógica da fantasia] (1966-1967), na aula de 15 de fevereiro de 1967.

(determinada, no mais das vezes, como 0 ou 1), então ela continua verdadeira na ordem superior, *n+1*. A recorrência caracteriza, assim, determinadas sequências matemáticas que funcionam a partir da repetição de uma operação. Fala-se, então, de uma definição por recorrência. Duas condições são necessárias: a inicialização e a hereditariedade. A inicialização corresponde às características do primeiro elemento *n*, ao passo que a hereditariedade denota a operação (sempre a mesma) que permite passar de um elemento da sequência ao seguinte (do primeiro ao segundo, do segundo ao terceiro etc.).

Tomemos como exemplo a célebre sequência de Leonardo de Pisa, mais conhecida pelo nome de Fibonacci:

$$1 - 1 - 2 - 3 - 5 - 8 - 13 - 21 - 34 - 55$$

Podemos notar aqui que a lógica que sustenta essa sequência cabe na seguinte fórmula:

$$F_n = F_{n-1} + F_{n-2}$$

Essa fórmula indica simplesmente que cada termo é igual à soma dos dois anteriores. Podemos então observar que, na sequência de Fibonacci, a operação que se repete — adicionar os dois termos anteriores — leva a um distanciamento cada vez maior entre os números da sequência.

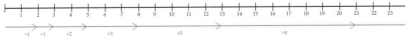

Figura 1: Representação dos distanciamentos entre os elementos da sequência de Fibonacci

Esse exemplo demonstra muito claramente como um primeiro elemento se fixa (inicialização) para, em seguida, repetir uma operação (hereditariedade) cujo movimento desemboca na formação de uma sequência. No plano psíquico, a lógica em jogo é idêntica: um primeiro elemento fixa o sujeito num ponto, o *typos* — veremos, depois, que se trata de um ponto de gozo —, que vai se repetir em seguida. Podemos, então, compreender o dito popular segundo o qual repetimos sempre os mesmos erros. O avesso da repetição como aprendizagem deixa-se entrever. Há aí um automatismo que *coage a* contra a vontade.

Quando Lacan se apoia no *automaton* para abordar a repetição, é justamente para colocar em destaque esse ponto de fixação, que, como os propulsores do relógio que estava em questão anteriormente, fazem parte de si, mas cuja mecânica é externa a si. Assim, longe de responder a um princípio de estabilidade, a repetição é "um fator de intranquilidade", isso sim[4].

Para explanar essa dimensão específica, vamos nos dedicar agora a um caso particular de recorrência: a repetição por iteração. A operação, que se repete, não depende dos elementos anteriores. É desse jeito, por exemplo, que é construída a sequência dos números inteiros:

$$0 - 1 - 2 - 3 - 4 - 5 - 6 - 7 - 8 - 9 - 10 - 11$$

Trata-se de acrescentar, entre cada elemento, o operador +1. Esse +1, que se itera para criar a sequência, é sempre

---

[4]MILLER, J.-A. (2011) "L'orientation lacanienne: L'Un tout seul", curso ministrado junto ao Departamento de Psicanálise da Universidade Paris VIII, aula de 2 de fevereiro de 2011, inédito.

idêntico. O distanciamento entre dois elementos sucessivos é o mesmo, contrariamente ao que havíamos observado no âmbito da sequência de Fibonacci.

Figura 2: Representação dos distanciamentos entre os elementos da sequência dos números inteiros

Podemos, com base nisso, diferenciar a repetição (que implica um distanciamento) da iteração (que é reprodução do mesmo). Voltemos a Leo e aos seus movimentos estereotipados: eles não são uma repetição, propriamente falando, e sim uma iteração. Temple Grandin, autista que se tornou célebre pelo conjunto das obras que escreveu sobre o autismo, descreve uma das suas atividades preferidas: "eu gostava de girar meu corpo ou fazer rodar moedas ou tampas de lata, horas a fio"[5]. Ela especifica, então, muito justamente: "Eu sei bem que as crianças que não são autistas também gostam de girar nos balanços. A diferença é que a criança autista fica obcecada com esse ato de girar"[6]. De fato, trata-se aí de uma estereotipia cujo funcionamento não é da ordem de uma repetição que visa à experimentação, mas de uma pura iteração da qual ela é prisioneira. Poderíamos dizer que Temple Grandin salienta uma *coerção de iteração* que clinicamente convém diferenciar bem da coerção de repetição. Não há, ali, passagem de um ponto a outro, e sim uma trajetória

---

[5]GRANDIN, T. (1983) *Uma menina estranha: autobiografia de uma autista.* Trad. S. Flaksman. São Paulo: Companhia das Letras, 1999, p. 29.
[6]*Ibid.*, p. 28.

que parte de um ponto e volta a ele próprio. A estereotipia fecha-se em si mesma.

Figura 3: A estereotipia, uma coerção de iteração

Qual função a estereotipia desempenha na economia psíquica do sujeito autista? Para responder essa indagação, iremos nos apoiar em testemunhos de autistas adultos que explicam o que está em jogo em seus comportamentos.

Construir(-se)[7] uma borda e nela se segurar

As observações diretas ou aquelas relatadas pelo círculo próximo permitem constatar que as pessoas autistas intensificam os seus recursos às estereotipias em momentos em que o mundo delas é efratado. Os testemunhos delas confirmam essas observações. Donna Williams[8], por exemplo, descreve a sua reação quando, na primeira aula de dança, um professor se aproxima dela, tocando-a para indicar o movimento que devia ser feito. Na época ela tinha três anos:

---

[7]Colocar o "-se" entre parênteses é uma tentativa de dar a ler que é a própria construção da borda que, num segundo momento, irá permitir que o sujeito (S) consiga nela se segurar.
[8]Donna Williams foi uma escritora australiana. Diagnosticada como autista, deu diversos testemunhos a respeito da questão do autismo, especialmente na obra *Meu mundo misterioso: testemunho excepcional de uma jovem autista* (Brasília: Thesaurus, 2012).

Da iteração à entrada em circuito: a questão do objeto ▮ 39

Braços competentes e delicados intrometiam-se no meu espaço. Eu me refugiava na contemplação dos pés. Um muro elevava-se entre mim e eles. A música se fez confusa. Muita agitação penetrava em meu território e atingia meu espírito. Com os punhos cerrados, eu batia os pés e cuspia muitas vezes no chão.[9]

Esse testemunho de Donna Williams nos indica a sua necessidade de separar, realmente, o seu *território* do mundo que o cerca. Esse universo circundante são os braços, suporte de um endereçamento direto do professor de dança em direção a ela. Na sequência citada, essa intrusão provoca a confusão dos espaços interno e externo. O seu espírito é invadido, então, e Donna Williams ergue um muro olhando para os seus próprios pés. Esse muro é o que Éric Laurent propõe chamar de "borda"[10]. Com o uso desse termo, ele aponta para a sua função de proteção, ao mesmo tempo que reconhece um potencial de evolução. Jean-Claude Maleval precisa: "A borda autística é uma formação protetora contra o Outro real ameaçador"[11] — borda que então protege a criança de um "gozo desvairado"[12], desviando-o do corpo.

Seremos frequentemente levados a utilizar o conceito de "gozo". Assim, para evitar qualquer mal-entendido,

---

[9]WILLIAMS, D. *Si on me touche, je n'existe plus*. Paris: J'ai lu, 1992, p. 33.
[10]A questão da borda no autismo foi abordada por Éric Laurent em "Discussion" In: *L'autisme et la psychanalyse*. Toulouse: Presses Universitaires du Mirail, 1992, e em sua obra *A batalha do autismo: da clínica à política* (Rio de Janeiro: Zahar, 2014).
[11]MALEVAL, J.-C. (2009) *O autista e a sua voz*. Trad. P. S. de Souza Jr. São Paulo: Blucher, 2017, p. 126.
[12]*Ibid.*, p. 113.

40 ■ AUTISMO E MEDIAÇÃO

propomos defini-lo rapidamente. O gozo, conceito introduzido por Lacan no campo da psicanálise, é um dos exemplos da reorientação que ele é capaz de dar ao sentido de uma noção corrente. Na linguagem cotidiana, o gozo é associado, na maior parte do tempo, a um prazer extremo de origem sexual. Apoiando-se num dos sentidos da palavra, o sentido jurídico (gozar de um bem, de uma situação, de um privilégio...), Lacan vai distinguir claramente o gozo do prazer. Esse último visa manter a quantidade de excitações em um nível nem alto demais, nem baixo demais. Assim, o prazer limita o gozo — que, por sua vez, tem sempre como horizonte o além do princípio de prazer. O termo "gozar" denota, portanto, o fato de tirar proveito, agrado, prazer de alguma coisa. Mas, como habilmente desvela o sutil Émile Littré em seu dicionário, o termo *jouir* [gozar] é portador de uma ambiguidade identificada bem antes de a psicanálise encontrá-la no cerne dos tratamentos que conduzimos. Com efeito, pode-se também "gozar de sua dor".

> Gozar, implicando uma satisfação, não se diz das coisas ruins. [...] Todavia, quando a coisa ruim de que se trata, desventura, pena, sofrimento, pode ser, por um arrojo do escritor, considerada algo com o qual a alma se satisfaça, então gozar é muito bem empregado: [...] "Eu te perdi; junto à tua cinza / Venho gozar da minha dor".[13] (Saint-Lambert, Épitaphe d'Helvétius)

---

[13]LITTRÉ, É. (1866) Verbete "Jouir". In: *Dictionnaire de la langue Française*. Paris: Encyclopedie Britannica, 1994.

DA ITERAÇÃO À ENTRADA EM CIRCUITO: A QUESTÃO DO OBJETO **41**

Assim, o termo "gozo" é apropriado para significar tanto a satisfação pulsional quanto o sofrimento do sintoma. Freud nos lembra, a propósito disso, que "há muito de estranho nesse tipo de satisfação que o sintoma propicia"[14]. "Gozo" denota tanto o excesso de prazer, a satisfação demasiado intensa, quanto o sofrimento resultante de uma excitação interna prolongada que tem como consequência perturbar o frágil equilíbrio visado pelo princípio de prazer. É com esse "gozo desvairado" que o autista tem de lidar. A construção de uma borda é uma forma de capturá-lo para evitar que ele retorne no corpo. A esse respeito, escutemos Donna Williams novamente. Ela explica muito precisamente como a captação que obtém ao fixar um objeto permite que ela se extraia da cena:

> Com o tempo, acabei aprendendo a me misturar em tudo o que me fascinava, os motivos do papel de parede [...], um ruído qualquer ou, ainda melhor, o ruído seco e repetitivo que eu obtinha ao dar tapinhas no meu queixo. Com isso, as pessoas pararam de ser um problema: as falas delas se esvaneceram num murmurinho indistinto e as suas vozes se reduziram a um catálogo de ruídos.[15]

A estereotipia é, portanto, uma forma de criar um objeto que anula o mundo. A pessoa autista opera aqui um duplo

---

[14]FREUD, S. (1917) 23. Os caminhos da formação de sintomas. In: *Obras completas, vol. 13: Conferências introdutórias à psicanálise (1916-1917)*. Trad. S. Tellaroli. São Paulo: Companhia das Letras, 2014, p. 485.
[15]WILLIAMS, D. (1992) *Meu mundo misterioso: testemunho excepcional de uma jovem autista*. Trad. T. B. Santos. Brasília: Thesaurus, 2012, p. 28.

42 ▪ AUTISMO E MEDIAÇÃO

movimento: separar-se do mundo externo, vivido como incompreensível e fonte de angústia, e abrir-se para um mundo interno infinito. Assim, esse duplo movimento visa criar uma borda simultaneamente separadora e protetora. O mundo externo, por causa de seus aspectos imprevisíveis, apresenta-se como caótico. Joseph Schovanec, filósofo e autista, aponta: "A fonte de angústia número um para uma pessoa autista é, seguramente, as mudanças em relação ao que estava previsto"[16]. As pessoas autistas são muito sensíveis à menor modificação e, a propósito disso, a iteração do gesto estereotípico é uma forma de apagar toda e qualquer possibilidade de surpresa[17]. Donna Williams explica:

> Eu procurava [...] um mundo de coerência bem provido de referências fixas. A mudança constante que era preciso enfrentar por toda parte nunca me dava o tempo de me preparar. É por isso que eu encontrava tanto prazer em fazer e refazer as coisas.[18]

Com efeito, as pessoas autistas estão em busca de um mundo que não fosse inconstante. Um mundo regido por regras fixas, onde cada coisa teria o seu lugar. Um mundo imutável. Já em 1943 Leo Kanner assinalava esse traço particular e precisava: "Para elas, seu mundo tem de parecer feito de elementos que, uma vez experimentados numa determinada

---

[16]SCHOVANEC, J. *Je suis à l'est!*. Paris: Plon, 2012, p. 40.
[17]Veremos, no decorrer da segunda parte desta obra, como isso encontra uma expressão específica no campo sonoro.
[18]WILLIAMS, D. (1992) *Meu mundo misterioso: testemunho excepcional de uma jovem autista.* Trad. T. B. Santos. Brasília: Thesaurus, 2012, p. 90.

DA ITERAÇÃO À ENTRADA EM CIRCUITO: A QUESTÃO DO OBJETO 43

ordem ou numa determinada sequência, não podem ser tolerados em qualquer outra montagem ou sequência"[19]. Os rituais inscrevem-se nessa lógica. Os pais de Leo — caso apresentado no início desta obra — descrevem, aliás, o ritual seguido pelo filho antes de conseguir entrar no estabelecimento escolar. Ele segura apertado com a mão cada uma das barras do corrimão presente no caminho para ir à escola. Se os pais, em dias que estão com pressa, tentam fazer com que ele pule alguma barra, Leo entra num momento de agitação considerável, batendo a cabeça contra tudo o que encontra. Se as dificuldades de linguagem de Leo ainda não permitem que ele explique a utilidade desse ritual, outros autistas se expressaram claramente. Para Donna Williams, são "receitas mágicas lançadas contra os malvados"[20]. Sem isso, o risco seria o de "deixar-se invadir"[21].

A imutabilidade, que a criança autista obtém com as suas estereotipias e os seus rituais, torna-se então uma forma de "tornar seguro um mundo experimentado, simultaneamente, como caótico e inquietante"[22]. A iteração estrutura o mundo para que ele seja não inconstante e inesperado, mas estável e previsível — estabelecimento de uma borda protetora ali onde a estabilidade da imagem do corpo parece faltar.

Lacan soube isolar, a partir dos trabalhos de Henri Wallon, um momento essencial no desenvolvimento psíquico da

---

[19]KANNER, L. (1943) Autistic disturbances of affective contact. In: BERQUEZ, G. *L'autisme infantile*. Paris: Presses Universitaires de France, 1983, p. 263.
[20]WILLIAMS, D. (1992) *Meu mundo misterioso: testemunho excepcional de uma jovem autista*. Trad. T. B. Santos. Brasília: Thesaurus, 2012, p. 31.
[21]*Ibid.*, p. 23.
[22]MALEVAL, J.-C. Pourquoi l'hypothèse d'une structure autistique? (I). In: *La cause do désir*, n. 87, 2014, p. 171.

criança: o "estádio do espelho"[23]. Ele identifica nesse momento lógico a forma como a criança passa de um corpo despedaçado — acompanhado de um "sentimento 'oceânico'"[24], para retomar um termo freudiano — a uma imagem do corpo que permite um sentimento de unidade. Posicionada diante de um espelho, a criança liga os seus próprios gestos a essa imagem que ela vai reconhecer como sendo o seu corpo. É, portanto, numa relação virtual com a realidade, nessa imagem invertida do espelho, que se constitui a imagem do corpo — a qual, por sua vez, compete à dimensão imaginária.

Na experiência do espelho, Lacan especifica um momento particular em que a criança se vira para aquele que a carrega. Ele vê nisso uma demanda, partindo da criança, de que seja ratificado, por quem está presente, o valor da imagem no espelho como sendo a dela: "É você". Esse é o nascimento do Outro, para retomar a fórmula proposta por Rosine e Robert Lefort[25].

O outro parental, suporte do Outro primordial, surge aqui como um terceiro que permite que a criança não fique fascinada pela sua imagem, à semelhança de Narciso. A criança poderá então "comunicar-se com a imagem especular"[26], apelando para significantes a fim de estabilizar a imagem do

---

[23]LACAN, J. (1949) O estádio do espelho como formador da função do Eu. In: *Escritos*. Trad. V. Ribeiro. Rio de Janeiro: Zahar, 1998, p. 96-103.
[24]FREUD, S. (1930) O mal-estar na cultura. In: *Cultura, sociedade, religião: O mal-estar na cultura e outros escritos*. Trad. M. R. Salzano Moraes. Belo Horizonte: Autêntica, 2020, p. 306.
[25]LEFORT, R. e LEFORT, R. (1980) *Nascimento do Outro*. Trad. A. Jesuíno. Salvador: Ed. Fator Livraria, 1984.
[26]LACAN, J. (1962-1963) *O seminário, livro 10: a angústia*. Trad. V. Ribeiro. Rio de Janeiro: Zahar, 2005, p. 135, aula de 23 de janeiro de 1963.

DA ITERAÇÃO À ENTRADA EM CIRCUITO: A QUESTÃO DO OBJETO

corpo convocado no espelho e se inscrever no campo da linguagem. É aí que a dimensão do sujeito pode emergir.

O sujeito, antes do seu nascimento, é um "polo de atributos", nos diz Lacan; atributos que devem ser entendidos como "significantes mais ou menos ligados num discurso"[27]. O sujeito, no sentido psicanalítico do termo, é sujeito do inconsciente. Ele só existe ao se inscrever numa cadeia significante. Mais exatamente, ele surge no intervalo entre dois significantes: "um significante é aquilo que representa o sujeito para um outro significante"[28]. Podemos, então, separar e articular claramente o *sujeito* e o *eu:* "o Eu vem servir no lugar deixado vago para o sujeito"[29].

Porém, como nos mostra o testemunho de Donna Williams, ali a imagem do corpo não se estabilizou por meio de um invólucro egoico e, portanto, não permitiu que se constituísse psiquicamente um interior e um exterior. Assim, diante do espelho, Donna Williams diz ver uma outra garota: "Quando eu não estava em frente ao espelho, ela desaparecia [...]. Quando eu avançava diretamente para o espelho, ela voltava e eu tentava olhar para trás para ver se ela tinha saído pela porta que eu via atrás"[30].

O "É você", nomeando a imagem do espelho, não encontrou inscrição possível na criança autista, deixando-a

---

[27]LACAN, J. (1960) Observação sobre o relatório de Daniel Lagache. In: *Escritos*. Trad. V. Ribeiro. Rio de Janeiro: Zahar, 1998, p. 659.
[28]LACAN, J. (1960) Subversão do sujeito e dialética do desejo no inconsciente freudiano. In: *Escritos*. Trad. V. Ribeiro. Rio de Janeiro: Zahar, 1998, p. 833.
[29]LACAN, J. (1960) Observação sobre o relatório de Daniel Lagache. In: *Escritos*. Trad. V. Ribeiro. Rio de Janeiro: Zahar, 1998, p. 675, trad. modificada.
[30]WILLIAMS, D. (1992) *Meu mundo misterioso: testemunho excepcional de uma jovem autista*. Trad. T. B. Santos. Brasília: Thesaurus, 2012, p. 50.

46 ■■■ AUTISMO E MEDIAÇÃO

confrontada com uma pergunta primordial quanto ao seu ser: "Será?"[31]. Sem a construção de um eu diferenciado do resto do mundo, a pessoa autista tem de bricolar soluções. É assim que diversas pessoas autistas explicam a necessidade que elas têm de se confinar num espaço que as contenha. Temple Grandin, professora de zootecnia e de ciências animais, é uma autista célebre pela *máquina de apertar* que ela construiu a fim de tranquilizar o gado antes de levá-lo ao abatedouro. Essa ideia lhe ocorreu a partir de sua experiência própria. Ela escreve:

> Quando eu era criança [...], costumava me enrolar num cobertor, ou me cobrir com as almofadas do sofá, para satisfazer meu desejo de estímulo tátil. À noite, eu esticava ao máximo os lençóis e cobertores antes de entrar debaixo das cobertas. Às vezes pendurava cartazes de papelão à frente e atrás do meu corpo, como um homem-sanduíche, porque gostava da pressão dos cartazes contra meu corpo.[32]

Percebemos aqui a necessidade que a criança autista tem de suprir, de forma real, uma imagem do corpo não estabilizada. "A fragmentação do corpo por seus órgãos é superada ao preço da reclusão numa 'carapaça'"[33], assinala Éric Laurent. Temple Grandin, como muitos outros autistas, busca

---

[31]Nota da editora: Em francês, a expressão "Est-ce?" [Será?] e a pronúncia da letra "S", que o autor remete a "sujeito", assonam. Ao longo do livro, tal relação será bastante explorada.
[32]GRANDIN, T. (1983) *Uma menina estranha: autobiografia de uma autista*. Trad. S. Flaksman. São Paulo: Companhia das Letras, 1999, p. 38.
[33]LAURENT, É. (2012) *A batalha do autismo: da clínica à política*. Trad. C. Berliner. Rio de Janeiro: Zahar, 2014, p. 54.

Da iteração à entrada em circuito: a questão do objeto

um continente para o seu corpo, algo sem o qual a relação libidinal com a imagem do corpo[34] não pode ser regulada.

O júbilo que se apodera da criança quando ela reconhece a sua imagem no espelho testemunha a carga libidinal em jogo nessa experiência. A libido corresponde à energia — ou à força — das pulsões. Para Freud, a fonte delas provém de excitações internas que têm de ser tratadas pelo aparelho psíquico. As pulsões são "forças que [...] atuam"[35], "representantes de todos os efeitos de forças que se originam no interior do corpo e são transferidos para o aparelho anímico"[36]. É assim que ele fez delas "um conceito fronteiriço entre o anímico e o somático, como representante psíquico dos estímulos oriundos do interior do corpo que alcançam a alma"[37].

Cumpre justamente entender aqui que o termo *Trieb* utilizado por Freud deve ser traduzido — como propôs Lacan — como "pulsão", e não "instinto". A pulsão é particular ao Homem, pois suas fontes de excitação estão ligadas à linguagem. Elas colocam em relação o sujeito e o Outro: "a pulsão [...] está encarregada de ir buscar alguma coisa que, a cada vez, responde no Outro"[38]. Tomemos o exemplo da alimentação. Para o homem, comer ultrapassa a necessidade

---

[34]Cf. LACAN, J. (1949) O estádio do espelho como formador da função do Eu. In: *Escritos*. Trad. V. Ribeiro. Rio de Janeiro: Zahar, 1998, p. 96-103.
[35]FREUD, S. (1920) *Além do princípio do prazer*. Trad. M. R. Salzano Moraes. Belo Horizonte: Autêntica, 2020, p. 155.
[36]*Ibid.*, p. 125.
[37]FREUD, S. (1915) *As pulsões e seus destinos*. Trad. P. H. Tavares. Belo Horizonte: Autêntica, 2013, p. 25.
[38]LACAN, J. (1964) *O seminário, livro 11: os quatro conceitos fundamentais da psicanálise*. Trad. M. D. Magno. Rio de Janeiro: Zahar, 1988, p. 185, aula de 20 de maio de 1964, trad. modificada.

nutricional. O "transtorno de conduta alimentar", sintoma que frequentemente atinge as pessoas autistas, é disso testemunha. Voltaremos a isso.

Assim, o aparelho psíquico — para retomar o termo freudiano — trata a atividade pulsional a partir das dimensões imaginária e simbólica. A imagem do corpo, estabilizada pela linguagem, acaba enquadrando o funcionamento das pulsões ao dar-lhes um destino, permitindo estabelecer um laço mais ou menos satisfatório com o seu entorno. Na pessoa autista, essa organização pulsional — regida pelo princípio de iteração — deixa o sujeito, entregue a si mesmo, num impasse.

Uma ressonância petrificada

As estereotipias, como vimos, permitem que a pessoa autista fique hermética ao Outro e, em contrapartida a isso, um mundo de plenitude se abre. Analisar a função dessas estereotipias nos levou diretamente ao que Lacan chamou de "gozo". Como lembramos, o gozo pode ser definido como aquilo que excede o princípio de prazer e confronta a criança com uma *demasia* de excitação. As estereotipias inscrevem-se, então, numa lógica de gestão dessa invasão. Se o outro insiste por meio das suas solicitações, trazidas pelo olhar ou pela voz, ele surge então como ensurdecedor e ofuscante. Com isso, os movimentos estereotipados intensificam-se e as produções sonoras sobem em volume. O sujeito autista é tomado, então, por um duplo movimento: de um lado, acessa um mundo de plenitude; de outro, parece prisioneiro dos seus próprios movimentos. Ele é prisioneiro daquilo que estamos propondo nomear como uma *ressonância petrificada*.

DA ITERAÇÃO À ENTRADA EM CIRCUITO: A QUESTÃO DO OBJETO **49**

Sustentamos, aqui, que a ressonância é o que permite captar o funcionamento do gozo. A ressonância corresponde ao "aumento da amplitude de uma vibração sob a influência de impulsões periódicas de frequência vizinha"[39]. Assim, ressoar redunda em produzir um som amplificado e prolongado:

> A ressonância é um fenômeno segundo o qual determinados sistemas físicos (elétricos, mecânicos...) são sensíveis a determinadas frequências. Um sistema ressonante pode acumular uma energia, se ela é aplicada de forma periódica e próxima de uma frequência dita "frequência de ressonância". Submetido a uma tal excitação, o sistema vai ser a sede de oscilações cada vez mais importantes, até atingir um regime de equilíbrio que depende dos elementos dissipadores do sistema, ou então até a ruptura de um componente do sistema.[40]

A ressonância revela-se um fenômeno extremamente potente, podendo conduzir um sistema ao seu ponto de ruptura. Assim como o gozo, que, nas palavras de Lacan, "começa com as cócegas [...] e termina com a labareda de gasolina"[41]. Ele pode ser destrutivo, caso não seja limitado. As automutilações que podem se impor às pessoas autistas são um exemplo disso. É esse o caso quando Leo bate a cabeça contra um objeto duro, podendo chegar até a abrir

---

[39]LITTRÉ, É. (1866) *Dictionnaire de la langue Française*. Paris: Encyclopedie Britannica, 1994.
[40]Verbete "Résonance" da *Wikipedia.org*, consultado em 16 de outubro de 2018.
[41]LACAN, J. (1969-1970) *O seminário, livro 17: o avesso da psicanálise*. Trad. A. Roitman. Rio de Janeiro: Zahar, 1992, p. 68, aula de 11 de fevereiro de 1970.

uma ferida. Nenhuma solução permitiu amortizar o montante de excitação que lhe acometeu.

As estereotipias constituem justamente uma tentativa de conferir borda ao gozo para evitar chegar ao insuportável. O gozo então presente é aprisionado numa *ressonância petrificada*. Esse oximoro permite entender que o sujeito autista encontra-se fechado num movimento suspenso, ao mesmo tempo contínuo e atemporal, que o separa do Outro. Como indica Éric Laurent, o espaço autístico é um espaço sem furo, que não carece de nada: uma "forclusão do furo"[42] — condição que provoca, de fato, essa *ressonância petrificada*. Para a criança autista, ruídos e vozes que se dirigem a ela constituem um zumbido contra o qual ela luta tapando os ouvidos e gritando. *O grito*, de Munch, seria uma representação paradigmática disso. Temple Grandin assinala: "Gritava sempre, reagia com violência a barulhos e no entanto, em outras ocasiões, dava a impressão de ser surda"[43]. Embora berrar ou ser surda ao mundo pareçam estar em oposição, não é nada disso. Berrar é uma forma de fabricar uma muralha sonora[44] que separa a criança do mundo, permitindo que ela fique surda ao seu entorno. Petrificar-se numa ressonância é uma forma de se separar de um mundo vivido como caótico. Se a capacidade de absorção do sistema é ultrapassada, ele colapsa, e o sujeito autista pode chegar à passagem ao ato.

---

[42]LAURENT, É. (2012) *A batalha do autismo: da clínica à política*. Trad. C. Berliner. Rio de Janeiro: Zahar, 2014, p. 79-82.
[43]GRANDIN, T. (1983) *Uma menina estranha: autobiografia de uma autista*. Trad. S. Flaksman. São Paulo: Companhia das Letras, 1999, p. 26.
[44]GORI, R. Les murailles sonores et le système de signes. In: *Le corps et le signe dans l'acte de parole*. Paris: Dunod, 1978, p. 117-158.

DA ITERAÇÃO À ENTRADA EM CIRCUITO: A QUESTÃO DO OBJETO ▨ 51

Considerar as estereotipias como uma borda autística, tal como propõe Éric Laurent, abre novas perspectivas ao atendimento de crianças autistas. Esses comportamentos sintomáticos, *testemunhas da posição do sujeito*, situam-se no limite entre o mundo interno da pessoa autista e o exterior. Eles se tornam, então, um lugar de invenção inédito. Éric Laurent alarga essa proposta, sugerindo "incluir *o resto*, ou seja, aquilo que permanece no limite da sua relação com o Outro: seus objetos autísticos, suas estereotipias, seus duplos"[45], no acompanhamento. É a esse *resto*, frequentemente combatido pelo entorno, e ao seu devir que iremos agora nos ater; mais particularmente na sua forma de objeto autístico ou de interesse exclusivo.

Por que orientar o trabalho a partir do objeto selecionado pela criança?

A necessidade de imutabilidade das crianças que apresentam um funcionamento autístico vai favorecer um vínculo único com um objeto ou um tema de predileção. Assim, se alguns falam em obsessões e, outros, de paixões — ou, ainda, de caprichos —, nós preferimos o termo "ilhas de competência"[46], proposto por Jean-Claude Maleval e que explana as potencialidades contidas nessas escolhas. A clínica do autismo nos indica, com efeito, que o interesse por um objeto

---

[45]LAURENT, É. (2012) *A batalha do autismo: da clínica à política*. Trad. C. Berliner. Rio de Janeiro: Zahar, 2014, p. 78; trad. modificada.
[46]MALEVAL, J.-C. (2009) *O autista e a sua voz*. Trad. P. S. de Souza Jr. São Paulo: Blucher, 2017, p. 198-255.

não se deve ao acaso. Ele é, ao mesmo tempo, uma escolha do sujeito e a testemunha do caminho traçado pelo gozo. Da mesma forma que supomos que há sujeito em devir, atribuímos ao objeto autístico uma possibilidade de evolução. O caso de Leo, com o seu interesse pelos veículos, é paradigmático disso. Quando estávamos qualificando a modalidade de gozo do autista como *ressonância petrificada*, nós a definimos como um *fechamento num movimento suspenso*[47]. Esclarecemos, então, que esse movimento suspenso é simultaneamente contínuo e atemporal, separando o sujeito autista do Outro. Uma outra dimensão pode agora ser abordada: pensar esse movimento como *suspenso* faz com que se entenda que é possível uma retomada por meio do objeto considerado "ilha de competência". É o que a *Affinity therapy* [Terapia por afinidade] demonstra.

A Affinity therapy: *uma bricolagem parental*

A *Affinity therapy* é uma abordagem terapêutica no tratamento do autismo que preconiza levar em conta o interesse específico que uma criança pode manifestar. A sua originalidade é ter sido elaborada por um casal de pais, Ron e Cornelia Suskind, a partir de sua experiência própria com o filho, Owen, acometido pelo autismo e apaixonado por desenhos animados. Longe de apresentar um método, o êxito desses pais foi ter sabido isolar o valor lógico da afinidade do filho deles: um ponto de contato possível em seu retraimento autístico. Com isso, o estabelecimento de um vínculo

---

[47]Cf. abaixo: "A ressonância petrificada".

DA ITERAÇÃO À ENTRADA EM CIRCUITO: A QUESTÃO DO OBJETO   53

é vislumbrável e permite encetar um trabalho terapêutico. É assim que eles conceituam aquilo que chamam de *Affinity therapy*[48], uma abordagem que se apoia no que há de mais singular em cada um.

Estamos nos Estados Unidos. Ron e Cornelia Suskind são os pais de Walter e Owen. Segundo as observações deles, Owen é uma criança que, até os três anos de idade, desenvolve-se de forma totalmente clássica. Então eles observam uma reviravolta no comportamento e nas atitudes do filho: ele se fecha progressivamente em si mesmo e passa o dia assistindo a desenhos animados, principalmente os de Walt Disney: "Owen está fora de si. Ele chora, corre de um lado para o outro, para, chora um pouco mais. Quando faz uma pausa para recuperar o fôlego, fica olhando fixamente para o nada"[49]. Então um diagnóstico de autismo regressivo é dado pelos profissionais consultados. Owen perde o uso da linguagem e uma única palavra permanece presente: *juice* [suco]. Às vezes ela é pronunciada como *juicervoice*, vocalização isolada e incompreensível para o círculo próximo.

Um dia pela manhã, quando toda a família está presente, Owen está assistindo pela enésima vez a um trecho escolhido do desenho animado *A pequena sereia*. Esse momento

---

[48]Um eco muito forte dessa abordagem se fez ouvir na França, na Universidade de Rennes, onde um colóquio foi dedicado a isso nos dias 4 e 5 de março de 2015, o que permitiu a publicação de uma obra coletiva organizada por Myriam Chérel-Perrin, professora associada da Universidade de Rennes 2 e responsável pelo Grupo Recherche Autisme: PERRIN, M. (org.) *Affinity therapy: nouvelles recherches sur l'autisme*. Rennes: Presses Universitaires de Rennes, 2015.
[49]SUSKIND, R. (2014) *Vida animada: uma história sobre autismo, heróis e amizade*. Trad. A. Ban. Rio de Janeiro: Objetiva, 2017, p. 13.

em família, já vivido diversas vezes, vai se transformar numa cena inédita: a mãe, ocupada preparando o café, escuta de longe os diálogos do desenho. Ali ela parece compreender o *juicervoice* até então pronunciado pelo filho. Trata-se da cena em que Úrsula, a medusa feiticeira, pede que Ariel, a pequena sereia, ceda-lhe a sua voz: *just your voice* [só a sua voz]. O pai escreve:

> Cornelia sussurra: "Ele não está falando de *juice*..."
> Mal escuto. "O quê?"
> "Não é *juice*. É *just your voice!*"
> Pego Owen pelos ombros. "*Just your voice!* É isso que você está dizendo?"
> Ele olha bem para mim – é a primeira vez que nos olhamos no olho em um ano.
> "*Juicervoice! Juicervoice! Juicervoice!*"
> Walt começa a berrar: "Owen voltou a falar".[50]

Os diferentes terapeutas então consultados preconizam impedir Owen de ter acesso a esses vídeos — para evitar que ele se feche nisso — ou utilizá-los como reforços positivos — se ele atender aos pedidos, poderá ter acesso a eles de forma limitada. Ron e Cornelia Suskind fazem uma escolha diferente. Eles resolvem se interessar pelos desenhos animados a que o filho assiste. Descobrem, então, que ele conhece de cor diversos diálogos da Disney. A partir desse momento, apoiam-se nesse suporte para se comunicar com ele. Os membros da família tomam emprestado a voz e as palavras

---

[50]*Ibid.*, p. 33.

DA ITERAÇÃO À ENTRADA EM CIRCUITO: A QUESTÃO DO OBJETO **55**

dos diferentes personagens dos desenhos e conseguem se comunicar com o garotinho. Myriam Chérel-Perrin comenta belamente: "A família [...] se transforma secretamente, à noite, em personagens da Disney, cada um pegando a voz e os diálogos de um dos duplos de Owen, a fim de lhe dizer alguma coisa"[51].

Mas essa experiência vai muito mais longe; os desenhos animados não serão somente um meio de comunicação para Owen. Ron Suskind nota que o filho transforma esses filmes em ferramentas que lhe permitem apreender o mundo: aprendizagem da leitura a partir dos créditos finais; tratamento dos afetos graças às escolhas de cenas específicas; decodificação das relações sociais (inclusive das relações amorosas) a partir das intrigas que ligam os diferentes personagens nos desenhos animados: "[Owen] utilizava esse seu interesse específico [*affinity*], como máquina de decodificar, para decifrar os enigmas do mundo que o cercava"[52].

Esse interesse constituiu, para Owen, uma verdadeira ferramenta terapêutica, permitindo entrar na linguagem, apreender as relações sociais, ou ainda aprender a ler. Cientes disso, Ron e Cornelia Suskind conceberam a *Affinity therapy*: a terapia por afinidade. Notemos a pertinência da escolha do nome dado a essa experiência que, claramente, dá ênfase não a um eventual efeito terapêutico dos desenhos animados, mas à potencialidade que reside no centro de interesse

---

[51]PERRIN, M. Introduction. In: PERRIN, M. (org.) *Affinity therapy: nouvelles recherches sur l'autisme*. Rennes: Presses Universitaires de Rennes, 2015, p. 17.
[52]SUSKIND, R. Life, Animated. In: PERRIN, M. (org.) *Affinity therapy: nouvelles recherches sur l'autisme*. Rennes: Presses Universitaires de Rennes, 2015, p. 28.

da criança por meio do objeto no qual ela se engancha. Com efeito, é importante indicar que não se trata de terapia pelo desenho animado, mas de terapia pela afinidade — uma afinidade selecionada pela criança.

É nesse sentido que notamos a pertinência do qualificativo proposto por Jean-Claude Maleval há vários anos: *ilhas de competência*. Se a ilha é isolamento, a competência pode fazer laço com os outros. Para tanto, o saber tem de ser situado do lado da criança. A seleção de um objeto ou de uma afinidade deve, então, ser considerada uma escolha que supõe um sujeito em devir. Essa escolha, "insondável decisão do ser"[53], nos indica o caminho que o gozo tomou emprestado. O objeto constitui simultaneamente uma ilha *e* uma competência que convém ligar pela partícula *de*, para que um tratamento do gozo possa ser possibilitado. Éric Laurent indica que, no tratamento de pessoas autistas, trata-se de colocar o objeto num circuito e de complexificar, assim, a borda[54]. É isso que o percurso de Owen testemunha. Ele conseguiu sair do seu fechamento operando, "graças ao apoio em parceiros sintonizados com a sua invenção, não apenas um tratamento do objeto voz — constrangido pela sua recusa estrutural em ocupar uma posição de enunciação —, mas também e sobretudo, uma forma de estar no mundo"[55]. Trata-se, portanto, de um tratamento da dimensão pulsional operado a partir da

---

[53]LACAN, J. (1946) Formulações sobre a causalidade psíquica. In: *Escritos*. Trad. V. Ribeiro. Rio de Janeiro: Zahar, 1998, p. 179.
[54]O autor elabora uma "clínica dos circuitos". LAURENT, É. (2012) *A batalha do autismo: da clínica à política*. Trad. C. Berliner. Rio de Janeiro: Zahar, 2014, p. 82.
[55]PERRIN, M. Introduction. In: PERRIN, M. (org.) *Affinity therapy: nouvelles recherches sur l'autisme*. Rennes: Presses Universitaires de Rennes, 2015, p. 17.

afinidade da criança. Pensar que os centros de interesse das crianças, para além do autismo, são do foro dos caprichos seria um erro. Pelo contrário, a *Affinity therapy* compele o clínico a ficar na escuta daquilo que a criança traz nas sessões e a levar em conta o objeto escolhido pela criança autista como objeto particular. Antes de explicitar a questão da circulação através do objeto de mediação, iremos examinar a função do objeto autístico.

O que é um objeto autístico?

"Objeto autístico" vem nomear esse objeto que o autista seleciona em seu entorno e no qual ele se engancha. É um objeto duro, na maioria das vezes: um carrinho, uma pedra, um pião, um bastão... Para Leo, trata-se de veículos sobre rodas. A mãe dele já nos precisou, aliás, que para dormir ele sempre ficava com um carrinho na mão, fazendo-o andar pela beira da cama ou pelo próprio braço. Ele olha fixamente para os movimentos de ida e volta e acaba adormecendo. A natureza e a função desse objeto são específicas do autismo, objeto que deve ser diferenciado do objeto transicional.

A partir de Freud, consideramos que o primeiro objeto ao qual a criança tem acesso é o seio da mãe. Freud distingue a necessidade alimentar da satisfação: ao mamar, o lactante trilha o caminho de uma primeira satisfação sexual[56]. Uma satisfação que ultrapassa, portanto, a simples

---

[56]FREUD, S. (1905) Três ensaios sobre a teoria da sexualidade. In: *Obras completas, vol. 6: Três ensaios sobre a teoria da sexualidade, Análise fragmentária de uma histeria (O caso Dora) e outros textos (1901-1905)*. Trad. P. C. de Souza. São Paulo: Companhia das Letras, 2016, p. 13-172.

resposta a uma necessidade biológica. A criança encontra prazer nisso, em especial pelo viés das palavras — frequentemente cantantes — do Outro primordial (apoiando-se, no mais das vezes, no outro parental). A pulsão ata-se, assim, à dimensão da linguagem; voltaremos a isso mais adiante. Por ora, vamos nos centrar no seio materno enquanto objeto parcial. É preciso compreender aqui que o termo "seio" não denota realmente o seio da mãe, mas sim a função que ele pode desempenhar enquanto objeto de sucção para a criança. O bico da mamadeira pode muito bem ocupar a função de objeto oral. É a partir desse objeto, então, que as coordenadas da área transicional elaborada por Winnicott ganham corpo. Esse espaço vem "no lugar do seio", e o objeto transicional será o seu primeiro representante. Ele é não eu ao mesmo tempo que não é outro[57]. Nós comumente o chamamos de *naninha*. Toda pessoa em contato com crianças já pôde observar o deleite que as toma quando esfregam contra o rosto aquele velho pano usado, sujo e frequentemente malcheiroso. Todas as leis da razão e do bom senso são incapazes de explicar essa atração. Winnicott observa que se trata de um "objeto especial" no qual a criança pequena "fica viciada"[58]. Para ele, o objeto transicional é o começo da introjeção de um ambiente com

---

[57]WINNICOTT, D. (1971) *O brincar e a realidade.* Trad. J. O. A. Abreu e V. Nobre. Rio de Janeiro: Imago, 1975.

[58]*Ibid.*, p. 32, trad. modificada. Nota do tradutor: Tanto a tradução francesa, utilizada pelo autor, quanto a tradução brasileira optaram por verter o original por meio da ideia de "apego". No entanto, cumpre notar que Winnicott utiliza aqui, em inglês, a expressão *to become addicted*. A esse respeito, cf. BLONDEL, M.-P. Objet transitionnel et autres objets d'addiction. In: *Revue Française de Psychanalyse*, vol. 68, 2004/2, p. 459-467.

função maternante[59] e permite, ao mesmo tempo, separar-se dela. Para a criança, o objeto transicional vem representar a mãe em sua ausência. Apoiando-se na dimensão simbólica, a criança encontra assim uma forma de fazer frente à perda que, num só tempo, torna-se falta.

Lacan vai dar um passo suplementar para trazer à tona a lógica operante no objeto transicional. Ele irá relevar a qualidade "amboceptora"[60] desse objeto parcial que é o seio: um objeto separável que pertence à mãe e à criança. Ele propõe então: "A angústia do desmame não é tanto o fato de que o seio venha a faltar à necessidade do sujeito, e sim o fato de que a criança pequena cede o seio a que está apensa como se fosse uma parte dela mesma"[61].

O corte não se dá entre a mãe e a criança, mas entre o seio e a criança, que tem de se separar de uma parte do seu próprio corpo. Poderíamos fazer uma analogia com os momentos em que a criança está chupando uma chupeta e uma pessoa tenta tirá-la da boca dela. Vemos aqui claramente como o bebê se engancha nisso como se fizesse parte dele. Uma "libra de carne"[62] que o homem tem de ceder; uma cessão de gozo para poder, num segundo momento, inscrever-se no simbólico. Essa perda, Lacan lhe vai dar o nome de objeto *a* — produto do encontro entre o sujeito e o Outro[63].

---

[59]*Ibid.*, p. 32-ss.
[60]LACAN, J. (1962-1963) *O seminário, livro 10: a angústia*. Trad. V. Ribeiro. Rio de Janeiro: Zahar, 2005, p. 185, aula de 6 de março de 1963.
[61]*Ibid.*, p. 340, aula de 26 de junho de 1963.
[62]*Ibid.*, p. 242, aula de 8 de maio de 1963.
[63]Aqui remetemos o leitor ao esquema da divisão que Lacan desenvolve em seu seminário "A angústia". Cf. LACAN, J. (1962-1963) *O seminário, livro 10: a angústia*. Trad. V. Ribeiro. Rio de Janeiro: Zahar, 2005, p. 36, aula de 21 de novembro de 1962, e p. 128, aula de 23 de janeiro de 1963.

60 ▨ AUTISMO E MEDIAÇÃO

Resumamos: a criança, orientando-se em direção à neurose, recolhe o objeto no Outro (o seio), depois se separa dele, consentindo uma perda que adquire um valor simbólico. Dessa operação resulta um Outro faltante[64], um sujeito dividido e um resto (o objeto *a*). O sujeito não terá sossego na tentativa de reencontrá-lo, procurando-o no Outro. O amor e seus movimentos são um exemplo disso. Ligando-se para sempre ao Outro enquanto lugar da linguagem, a criança se abre então para a dialética do desejo: "O objeto transicional é, assim, desde o início [...], o suporte de um permanente diálogo vital entre a criança e o Outro"[65].

Um *permanente diálogo vital* na fonte da expressão pulsional do sujeito que vai depender da consistência desse Outro, justamente: "O Outro é a atmosfera do sujeito" [66]. Trata-se aí da realidade subjetiva de cada um. Quando as duas mãos do professor de dança se aproximaram de Donna Williams, sem dúvida não havia má intenção de sua parte, mas *a atmosfera autística* torna qualquer intencionalidade intrusiva. O Outro, no autismo, é ameaçador. Convenhamos, portanto: compreender por que essa criança se desenvolve assim e aquela outra desenvolve-se assado não é o que está em questão para a psicanálise. As disciplinas científicas se encarregam disso. A realidade subjetiva é do foro da *insondável decisão do ser*, e aquilo que ocupa o psicanalista é, então, a pergunta "Como

---

[64]É o que Lacan vai formular como "não há Outro do Outro". LACAN, J. (1958-1959) *O seminário, livro 6: o desejo e sua interpretação*. Trad. C. Berliner. São Paulo: Zahar, 2016, p. 322, aula de 8 de abril de 1959.
[65]REY-FLAUD, H. L'aptitude à être détruit. In: CAUSSE, J.-D. e REY-FLAUD, H. (org.) *Les paradoxes de l'autisme*. Toulouse: Érès, 2011, p. 17.
[66]CIACCIA, A. Le sujet et son Autre. In: *Préliminaire*, n. 11, 1999, p. 97-102.

DA ITERAÇÃO À ENTRADA EM CIRCUITO: A QUESTÃO DO OBJETO **61**

isso funciona?", para encontrar no mecanismo operante um instrumento de ação.

Para a pessoa autista, a sua separação do objeto primeiro assume, em lógica, "um caráter de efração real, de dilaceramento não mediada pela linguagem"[67]. O lugar da perda não se torna falta, mas se impõe como um lugar real que a criança vai tentar tapar com objetos; objetos que não entram numa dimensão simbólica — como é o caso dos objetos transicionais —, permanecendo engatados ao corpo. Com isso, a função deles é tapar o lugar dessa efração primordial[68] e, de fato, localizar um gozo: "O corpo do sujeito está numa relação de colagem incessante a esse objeto de gozo extracorpo"[69].

Compreendamos, então, que o objeto autístico é esse rochedo que acaba por fechar a abertura da caverna, transformando-a em *bunker*. A criança autista serve-se dele para separar do Outro. Chegamos, então, à seguinte proposição: *o objeto autístico é o ferrolho de uma prisão de gozo, trancafiando o sujeito autista numa ressonância petrificada*. Tendo assim isolado a função do objeto autístico, propomos que se fale em *objeto de função autística*.

Retomemos o caso de Leo e o seu uso dos veículos sobre rodas. A primeira sequência clínica — na qual ele permanece prisioneiro dos movimentos de vaivém do

---

[67]REY-FLAUD, H. *L'enfant qui s'est arrêté au seuil du langage: comprendre l'autisme*. Paris: Flammarion, 2008, p. 125-126.
[68]REY-FLAUD, H. L'aptitude à être détruit. In: CAUSSE, J.-D. e REY-FLAUD, H. (org.) *Les paradoxes de l'autisme*. Toulouse: Érès, 2011, p. 15-27.
[69]LAURENT, É. (2012) *A batalha do autismo: da clínica à política*. Trad. C. Berliner. Rio de Janeiro: Zahar, 2014, p. 52; trad. modificada.

trenzinho — introduz, de imediato, a função singular que o objeto pode assumir em sua organização pulsional. Trata-se aqui de saturar o campo escópico aprisionando o olhar e de separar o sujeito do Outro. Assim Leo se constrói um abrigo afastado do mundo. É o que já detalhamos com o uso das estereotipias.

No autismo, o Outro aparece sob uma figura feroz cujo objeto de gozo o sujeito teme ser. O que há não é falta, mas uma *demasia*, testemunho da presença de "um Outro real sem alteridade"[70]. O Outro quer me constituir como objeto, e o sujeito autista tem de se proteger disso por meio dos movimentos de retraimento e de fechamento. O gozo retorna nas bordas do corpo, localizado nas estereotipias. A utilização que Leo faz do carrinho desvela que este se manteve "no objeto real, que produziu um efeito de fechamento dessa divisão do sujeito"[71]. Criando uma neoborda, o carrinho protege Leo do Outro ao mesmo tempo que o fecha. O objeto com função autística, verdadeiro ferrolho, tranca a porta e transforma o espaço interno da criança em *bunker* regulador de gozo. Se isso não é o suficiente, o sistema colapsa e Leo chega então a bater a cabeça contra as paredes. No início do tratamento, Leo alternava assim entre atitudes de retraimento e comportamentos autoagressivos.

Vamos nos autorizar a fazer uma digressão em nosso desenvolvimento para evocar a função do objeto fóbico e diferenciá-lo do objeto com função autística. As fobias são

---

[70]LEFORT, R. e LEFORT, R. Narcissisme et amour. In: *La petite girafe*, n. 25, 2007, p. 13-22.
[71]LEFORT, R. e LEFORT, R. (1980) *Nascimento do Outro*. Trad. A. Jesuíno. Salvador: Ed. Fator Livraria, 1984, p. 185.

DA ITERAÇÃO À ENTRADA EM CIRCUITO: A QUESTÃO DO OBJETO **63**

frequentes e passageiras na clínica com crianças. Se seguimos os passos de Freud, elas são, na maior parte do tempo, o resultado do encontro com a angústia de castração e, mais geralmente, com a questão da perda e da separação[72]. A fobia, mecanismo de substituição — ou, mais precisamente, de permutação —, cristaliza a angústia num medo de objeto. Proporemos, então, conceber esse objeto como uma captura de gozo.

A captura implica um corte. É o que a fotografia nos mostra: "O gesto de disparar o obturador opera um corte do fluxo luminoso. [...] Do lado desse corte, o imaginário que reina como mestre é o da captura"[73]. Atribuímos, então, à captura um duplo movimento: o de um choque acompanhado de uma separação. É a lógica em ação na *captura de tela*. Capturar um tempo T do fluxo informático criando uma imagem em separado. Aqui, o contínuo articula-se ao descontínuo, enquanto o autista procura se manter num mundo pleno, contínuo. Lacan releva uma dimensão suplementar. A fobia tem mais a ver com um significante do que com um objeto. Com efeito, alguém que apresente uma fobia de gafanhotos, por exemplo, poderá ficar aterrorizado com a mera evocação da palavra. Trata-se, então, de um "cristal significante"[74] ou, ainda, de um *"significante* obscuro"[75] cuja função é a de *encobrir* a

---

[72]FREUD, S. (1926) Inibição, sintoma e angústia. In: *Obras completas, vol. 17: Inibição, sintoma e angústia, O futuro de uma ilusão e outros textos (1926-1929).* Trad. P. C. de Souza. São Paulo: Companhia das Letras, 2014.
[73]TISSERON, S. *Le mystère de la chambre claire: photographie et inconscient.* Paris: Flammarion, 2008, p. 54-55.
[74]LACAN, J. (1957) A instância da letra no inconsciente ou a razão desde Freud. In: *Escritos.* Trad. V. Ribeiro. Rio de Janeiro: Zahar, 1998, p. 523.
[75]LACAN, J. (1956-1957) *O seminário, livro 4: a relação de objeto.* Trad. D. D. Estrada. Rio de Janeiro: Zahar, 1995, p. 314, aula de 8 de maio de 1957.

angústia[76]. O analisante terá a responsabilidade de encontrar os equívocos que lhe dão seu peso. O objeto fóbico é, pela sua estrutura, submetido ao corte e, portanto, separado do corpo. O objeto autístico — que se situa na dimensão do real — é, de sua parte, tomado numa continuidade e numa totalidade presa ao corpo.

A partir desse embasamento dedicado à conceituação do objeto, podemos agora abordar a potencialidade contida no objeto autístico. Trata-se de fazer a aposta de que um laço de afinidade, escolha do sujeito — como o caso de Owen nos mostrou —, liga a pessoa autista ao seu objeto ou ao seu centro de interesse eletivo.

O objeto de mediação: um objeto de trânsito

"O fato de ter uma vida interior [não é] um problema ou uma preocupação. A preocupação é [...] a vida exterior, isso sim"[77], observa Joseph Schovanec. Todo o desafio para os profissionais que acompanham pessoas autistas consiste em lhes facultar apreender esse mundo externo. Daniel Tammet, escritor e poeta, diagnosticado autista aos 25 anos, testemunha a sua vontade de entrar em contato com os outros: "Embora às vezes eu ainda sinta dificuldade em me abrir e compartilhar, os sentimentos para tal estão definitivamente

---

[76]Cf. LACAN, J. (1962-1963) *O seminário, livro 10: a angústia*. Trad. V. Ribeiro. Rio de Janeiro: Zahar, 2005, p. 93, aula de 19 de dezembro de 1962. Para mais detalhes, remetemos o leitor aos desenvolvimentos que Lacan propõe sobre a fobia do pequeno Hans: LACAN, J. (1956-1957) *O seminário, livro 4: a relação de objeto*. Trad. D. D. Estrada. Rio de Janeiro: Zahar, 1995.
[77]SCHOVANEC, J. *Je suis à l'est!* Paris: Plon, 2012, p. 98.

DA ITERAÇÃO À ENTRADA EM CIRCUITO: A QUESTÃO DO OBJETO **65**

dentro de mim. Talvez sempre estivessem, mas levei tempo para os encontrar e entender?"[78].

Para se abrir ao mundo e comunicar, é preciso encontrar um ponto de contato entre interior e exterior — o que localizamos, com Éric Laurent, nesse resto que são as estereotipias, os objetos autísticos etc.

Embora quase todas as correntes teóricas concordem quanto ao fato de que o objeto autístico é uma via de acesso a esses sujeitos, a forma de levá-lo em consideração, em contrapartida, vai distinguir essas abordagens uma da outra. Nesta obra, rejeitamos a ideia de poder servir-se dele como reforçador positivo ou negativo. Ao contrário, sustentamos a hipótese de que o atendimento de uma pessoa autista só pode se apoiar nesse objeto. Esse último se revela uma mediação entre o sujeito e o Outro.

Essa mediação é, habitualmente, a palavra[79]; disso decorre a regra fundamental da psicanálise, "Diga tudo o que te vem à cabeça". Porém, a clínica do autismo, como vimos com o caso de Leo, indica que os analistas orientem a sua prática a partir do objeto selecionado pela criança, que propomos considerar como objeto de mediação — objeto graças ao qual a relação com a linguagem e com a fala vai ser atingida.

Os objetos de mediação, objetos utilizados no encontro clínico, já foram estudados por outras correntes psicanalíticas.

---

[78]TAMMET, D. (2006) *Nascido em um dia azul*. Trad. I. Korytowaski. Rio de Janeiro: Intrínseca, 2007, p. 31.
[79]"Se a palavra funciona como mediação, é por não se ter realizado como revelação" (LACAN, J. [1953-1954] *O seminário, livro 1: os escritos técnicos de Freud*. Trad. B. Milan. Rio de Janeiro: Zahar, 1979, p. 62, aula de 3 de fevereiro de 1954).

Eles são descritos, na maioria das vezes, como "embreadores de imaginário"[80], processo que estaria "em pane"[81] nos pacientes atendidos. Esses avanços permitiram identificar que dentro das oficinas de mediação não é a atividade proposta que é terapêutica, mas sim essa atividade tomada na dimensão transferencial que está em jogo. A maioria das teorizações das oficinas de mediação se apoia nos processos de simbolização que poderiam ser reativados: "suscitar uma revivescência e um esboço de figuração de experiências sensório-afetivo-motoras não simbolizadas"[82]. Num estudo psicopatológico ampliado sem distinção estrutural, Bernard Chouvier nota que o objeto criado permitiria ao sujeito "ter acesso a um processo interno de transicionalidade", graças à "descarga das excitações pulsionais" que são ali soltas "de maneira sublimatória". É aí que se "abre a área potencial do jogo" e que o objeto mediador é qualificado como "objeto transferencial"[83]. Todavia, parece-nos que a clínica do autismo não pode ser do foro dessas modelizações, pois as características próprias do autismo não podem nelas se inscrever.

Retomemos o caso de Leo. O objeto "autístico" escolhido por ele tornou-se, no âmbito das suas sessões, um objeto de mediação. Para tanto, o analista foi um parceiro cuja função

---

[80]CHOUVIER, B. La médiation dans le champ psychopathologique. In: *Le Carnet PSY*, n. 141, 2010, p. 32.
[81]*Ibid.*, p. 32.
[82]BRUN, A. Groupe thérapeutique de peinture et réalité du lien précoce à l'objet. In: *Revue de psychothérapie psychanalytique de groupe*, n. 41, 2003/2, p. 167.
[83]CHOUVIER, B. La médiation dans le champ psychopathologique. In: *Le Carnet PSY*, n. 141, 2010, p. 32.

foi a de se tornar o duplo do jovem paciente, apoiando-se nesse objeto para possibilitar o encontro. Ele assumiu, assim, as posições e posturas da criança, nelas introduzindo pequenas diferenças. Se elas fossem grandes demais, Leo iria preferir o seu mundo interno; se fossem demasiado mínimas, ele ia amplificar as suas estereotipias. Foi só quando as nossas proposições introduziram uma proximidade suportável que elas agiram como uma espécie de aspiração que permitiria a Leo entrar num novo movimento. De distanciamentozinho em distanciamentozinho, Leo pôde fazer circular seu objeto. Essa circulação se viu conectada, primeiro, ao corpo do analista; depois, pôde entabular, à dimensão contínua dos seus movimentos estereotipados, possíveis descontinuidades induzidas e bordejadas por significantes.

Por meio do uso da transferência, o trem utilizado por Leo passou do estatuto de objeto *transido* ao de objeto *de trânsito*[84]. Transido, etimologicamente, compete à dimensão da *morte*. A expressão "transido de frio" é testemunha disso. Tomaremos *transido*, aqui, no sentido em que denota um estado de petrificação. Esse termo nos parece particularmente interessante, pois é a raiz de *trânsito*. Trânsito é um "regime alfandegário em virtude do qual as mercadorias podem atravessar o território"[85], leis que regulamentam a circulação. Falar do objeto autístico como objeto *transido* explana a nossa ideia de que esse objeto não é estanque para sempre, mas possui em

---

[84]Já havíamos desenvolvido essa questão num artigo anterior: ORRADO, I. e VIVES, J.-M. L'objet de mediation: du transi au transit. In: *L'Évolution Psychiatrique*, vol. 81, n. 4, 2016, p. 919-926.
[85]Centre National de Ressources Textuelles et Lexicales, portal lexicográfico online.

68 ■■ Autismo e mediação

si as qualidades de uma possível transformação. Transido pode evoluir para trânsito, testemunhando o trajeto percorrido pelo objeto que se inscreve numa possível abertura para o Outro. Uma retomada da expressão pulsional se torna possível. Uma "clínica do circuito"[86] — como Éric Laurent propõe — que permite "constituir um circuito que cumpra função de borda e de circuito pulsional"[87]. O lugar das sessões pode ser pensado como espaço de trânsito no qual a demasia de gozo localizada no objeto pode ser colocada em jogo. Uma prática que se orienta pelo real: "Integrar o Real no seio da elaboração dessas práticas obriga o clínico a se situar do lado da abertura, e não da sutura"[88].

Essa indicação é indispensável para permitir que um sujeito possa advir em sua maior singularidade. É o que iremos expor agora com o caso de Baptiste.

---

[86]LAURENT, É. (2012) *A batalha do autismo: da clínica à política*. Trad. C. Berliner. Rio de Janeiro: Zahar, 2014, p. 82.
[87]*Ibid.*, p. 83.
[88]VINOT, F. e VIVES, J.-M. Introduction. In: *Les médiations thérapeutiques par l'art. Le réel en jeu*. Toulouse: Éres, 2014, p. 8.

▰ CAPÍTULO 3

O acolhimento da singularidade num atendimento em grupo

Baptiste: oferecer um tablado[1] que cative o gozo

Baptiste, oito anos de idade, é uma criança muito inibida que permanece retraída, seja em família ou na escola. Desde o maternal, os professores constatam que ele "não embarca na aprendizagem". Suas dificuldades escolares, que vão se acumulando, levam-no a repetir a primeira série. Em sala, ele se faz notar por aquilo que a professora chama de

---

[1]Nota da editora: Em francês, "castelet", palavra que significa "tablado", mas também remete a "castelo" (ou a "castelinho", em provençal, língua da região de Vives). Esse duplo sentido perfaz a ideia de confinamento. "Castelet", assim, serve tanto como lugar de representação quanto como prisão para o gozo. Não foi encontrada, em português, palavra que concentre ambos os sentidos.

"as esquisitices dele": dá gritos ou então pega objetos nos estojos dos colegas para jogar atrás de um armário que fica no fundo da sala. Foi a pedido da escola que a mãe marcou horário com um psicólogo.

Ambos são recebidos em entrevista. A mãe evita o nosso olhar e fala pouco. Ela não compreende por que a escola pediu que passasse o filho por uma consulta. A esse respeito dirá simplesmente o seguinte: "Ele está sempre no mundo dele. [...] Fica se contando histórias com lenços". Quando pedimos, ela explica que ele pega lenços de papel e corta-os em tiras. Em seguida, fica balançando na frente dos olhos e inventando histórias. Então a mãe imita um gesto que parece com uma estereotipia. Temos dificuldade em compreender o valor dessas "histórias" e o que esses "pedaços de lenço de papel" que ele balança podem representar. Ali, naquele momento, apenas tomamos nota disso. Baptiste permanece sentado em sua cadeira e não fala. Quando o interpelamos, ele baixa a cabeça e olha fixamente para os pés. Se a mãe insiste para que ele responda ou olhe nos olhos, ele se força a fazê-lo, mas é visível a sua dificuldade em se confrontar com o nosso olhar.

Baptiste será então acolhido num grupo terapêutico. Nos primeiros momentos, ele se desloca pelo cômodo e gravita em torno das outras crianças que estão sentadas numa mesa. Não responde às nossas solicitações, ou o faz com uma ligeira ecolalia, e evita sistematicamente o nosso olhar. Deixamos que ele o faça. Começa, então, a tocar os objetos presentes no cômodo. Observa-os, gira-os ao redor da mão, depois os coloca de volta. Um objeto particular o detém: uma caixa

O ACOLHIMENTO DA SINGULARIDADE NUM ATENDIMENTO EM GRUPO ▨ 71

com fantoches. Fica interessado por elas e tira-as de lá uma depois da outra.

Quando outra criança propõe fazer um álbum de fotos, decidimos inserir os fantoches nisso[2]. Essa escolha se explica pelo interesse que Baptiste teve por esses objetos, mas igualmente pelo elemento trazido na primeira entrevista pela mãe. Com efeito, os fantoches nos lembram as "histórias" que essa criança *se* conta com "pedaços de lenço de papel". Propomos, então, que as crianças construam um livro de fotos a partir de uma história encenada com os fantoches. As crianças vão fabricar o cenário adequado e posicionar as personagens. Elas próprias não irão aparecer nas fotos. Essa sequência de trabalho irá se estender por oito sessões.

Os fantoches são instalados na mesa. Baptiste, que até então parecia separado do grupo, instala-se com as outras crianças. Ele pega os diferentes fantoches e os manipula; outra criança começa a construir um roteiro em torno de uma história de polícia e ladrão. Enquanto mexe os fantoches, Baptiste intervém em alguns momentos para precisar, sempre de forma muito pertinente, alguns termos utilizados pelas outras crianças. Por exemplo, quando um participante do grupo se apropria de um personagem que está de boina e diz "É um senhor", Baptiste intervém: "Um detetive". Um roteiro vai se definindo graças às intervenções de cada um. Baptiste acha por onde ocupar um lugar

---

[2] Cf. ORRADO, I. e VIVES, J.-M. Les ateliers thérapeutiques: variations ludiques sur le thème de l'objet de médiation. In: *Pratiques psychologiques*, vol. 23, n. 4, 2017, p. 391-401.

no grupo; ele é quem oferece os termos certos para nomear cada coisa.

Cada criança encontra uma posição particular no trabalho do "álbum de fotos" proposto. Há aquele que desmembra o roteiro em cenas, aquele que constrói o cenário, aquele que tira as fotos... Baptiste, que fica constantemente com os fantoches enfiados nas mãos, os posiciona no cenário. Uma dificuldade considerável então se revela. Ele não consegue manter a mão afastada do corpo. Porém, no trabalho previsto, os fantoches têm de poder ocupar um lugar na cena sem que se possa notar a pessoa que as controla: o fantoche tem de estar no enquadramento, mas não Baptiste. Começamos a buscar soluções junto com ele, e Baptiste arranja então um jeito: colando o torso contra o encosto de uma cadeira, ele consegue facilmente mexer os braços e as mãos na sua frente. Esse trabalho vira um jogo de invenções do qual todas as crianças participam: como esconder seu corpo e, ao mesmo tempo, fazer com que os fantoches apareçam? À solução encontrada por Baptiste acrescenta-se outra, proposta por um outro membro do grupo: esconder-se embaixo da mesa e fazer com que dela saiam as mãos com os fantoches. Essa bricolagem permite dar consistência aos personagens encarnados pelos fantoches. O álbum de fotos se constitui. Baptiste vai se fazer notar pela capacidade de colocar em ordem as fotos que vão sendo impressas. Ele vai arranjar até um título para o livro. Quando um reboliço se instala, com cada um querendo dar a sua opinião, de uma posição um pouco retraída, escutamos a voz de Baptiste dizendo: "O Assalto". Todos param de falar e concordam: será esse o título. As esquisitices que ele manifestava desvanecem e passam para o segundo plano. Os mesmos efeitos serão referidos na escola, depois de alguns meses de atendimento.

Para Baptiste, um dos desafios do trabalho estava centrado na sua manipulação dos fantoches e naquilo que eles expressam. Enquanto antes ele se contava histórias balançando pedaços de lenço de papel, agora podia contar, no meio da oficina, uma história com fantoches. Formulamos aqui a hipótese de que os fantoches se situam bem no lugar dos lenços de papel. Ele encarna, assim, com o auxílio da sua mão, personagens. Além disso, a necessidade de tirar fotos das diferentes montagens para constituir o álbum obrigou Baptiste a não segurar mais os fantoches contra si. Um afastamento se opera então, no espaço, entre a mão que segura o fantoche e o torso. A partir do distanciamento assim introduzido, os personagens ganham forma e consistência numa história endereçada aos leitores, o que permite, em contrapartida, que Baptiste experimente e reconheça, ele próprio, uma consistência em seu corpo[3]. Isso vai ter um efeito de limitação do gozo do corpo, que até então retornava em esquisitices (gritos, estereotipias...) que a ele se impunham. O objeto encontra um novo destino que permite, então, que uma nova trajetória pulsional se desenhe. Da iteração a uma entrada em circuito disso que constitui objeto autístico, passando por um objeto de mediação, Baptiste tenta se construir um corpo que aguente. Vamos, agora, tentar precisar em que uma proposta de oficinas em grupo — tal como as que encontramos em diversas instituições — pode se mostrar frutífera.

---

[3]Em nossa segunda parte, desenvolveremos os desafios ligados à utilização de uma voz sonorizada, como é o caso para Baptiste com os fantoches.

O grupo terapêutico e a dinâmica de trupe

Como pensar o grupo quando se é lacaniano?

O ser humano é sensível ao que o cerca, sensível aos outros, sensível às palavras deles. Freud observava que, se o homem se constrói a partir de "atos psíquicos [...] narcísicos [...] talvez Bleuler dissesse: autísticos"[4], ele está paralelamente preso em "atos psíquicos sociais"[5] que constituem o alicerce da sua relação com os outros. Ora, o laço social é problemático no autismo. Um acolhimento em grupo seria a solução para remediar essa dificuldade? É apoiando-se nessa ideia que grupos terapêuticos de habilidade social são implementados no atendimento dos transtornos do espectro autístico. Na mesma lógica, terapias propõem às pessoas fóbicas uma dessensibilização por exposição mais ou menos direta ao objeto fóbico. A posição da psicanálise é totalmente outra. O que está em jogo num trabalho terapêutico de grupo nos aparenta ser complexo e parece do foro de uma dinâmica precisa a partir da qual o clínico pode se orientar.

Na maioria das vezes, os grupos ditos terapêuticos são concebidos como unidade. Isso, aliás, é o que motiva os envolvidos a propô-los a pacientes que apresentam uma indicação homogênea: mesmo transtorno, mesmo sintoma etc. Desde os anos 1990, Ophélia Avron se interessa pelas situações de

---

[4]FREUD, S. (1930) Psicologia das massas e análise do eu. In: *Cultura, sociedade, religião: O mal-estar na cultura e outros escritos*. Trad. M. R. Salzano Moraes. Belo Horizonte: Autêntica, 2020, p. 138.
[5]*Ibid.*, p. 138.

O ACOLHIMENTO DA SINGULARIDADE NUM ATENDIMENTO EM GRUPO **75**

grupo. Psicanalista, foi presidente da Sociedade Francesa de Psicoterapia Psicanalítica de Grupo. Ela aborda o grupo a partir da "ordem energética" da comunicação[6]. Apoiando-se, para tanto, em Freud, Winnicott e Bion, ela sustenta que a comunicação — da qual "a fala é o aspecto mais consumado" — permite "atingir o psiquismo do outro" e "provocar reações que, por sua vez, acabam por ressoar até no nosso próprio corpo"[7]. Nessa lógica, ela fala em "entrelaçamento"[8] dos funcionamentos psíquicos e postula a existência de uma "capacidade basal de intervinculação energética"[9]. Com isso, Ophélia Avron concebe as situações de grupo como constitutivas de uma "atmosfera energética", uma "espécie de ruído psíquico de fundo, constituído por ondas rítmicas"[10]. São "efeitos de presença"[11] em ligação com "os conteúdos libidinais que mobilizam os significantes verbais e infraverbais"[12]. Esses efeitos de presença teriam como fonte a existência de uma *pulsão de interconexão rítmica*: identificando-se uns aos outros, os indivíduos em presença seriam tocados uns pelos outros e encontrariam, nessa experiência, novas modalidades relacionais.

Todavia, notemos que essas identificações competem ao registro imaginário. Lacan escreve: é pela imagem do espelho que a criança "se objetiva na dialética da identificação

---

[6]AVRON, O. *La pensée scénique: groupe et psychodrame*. Toulouse: Érès, 2012, p. 12.
[7]*Ibid.*, p. 22.
[8]*Ibid.*, p. 55.
[9]*Ibid.*, p. 62.
[10]*Ibid.*, p. 78.
[11]*Ibid.*, p. 79.
[12]*Ibid.*, p. 98.

76 ■■■ AUTISMO E MEDIAÇÃO

com o outro"[13]. Pelo reconhecimento dessa imagem, a criança entra em relação com seus pares no eixo da similitude: "É no outro que o sujeito se identifica e até se experimenta a princípio"[14], antes de achar por onde se alojar na forma finita, limitada, que será o eu. Ora, Lacan, em sua elaboração do estágio do espelho, indica claramente que a constituição do eu, em suas relações com os outros, compete ao campo imaginário. Majoritariamente, as terapias de grupo jogam com essa dimensão egoica. Para ir além dessa tela imaginária, devemos igualmente recorrer à substância do sujeito em seus laços com o Outro. Como já expusemos, o que ata o indivíduo à imagem é a intervenção do Outro, que podemos localizar na pessoa daquele que, um dia, diz à criança diante da sua imagem: "É você". Para simplificar, poderíamos dizer que o adulto que se encarrega da criança é esse pequeno outro que cumpre a função de Outro primordial ao se fazer suporte da linguagem. Todavia, a linguagem não pode se encarregar de tudo o que é do ser. Essa intimação a ser esse outro do espelho estrutura o eu ao criar uma falha no ser, a partir da qual uma posição subjetiva poderá emergir. Como diz o poeta, "eu é um outro".

Com isso, uma orientação lacaniana implica que o grupo não tem por vocação constituir uma unidade identificatória. Muito pelo contrário, todo o desafio consistirá em limitar esses efeitos imaginários para se ater a fazer emergir a

---

[13]LACAN, J. (1949) O estádio do espelho como formador da função do Eu. In: *Escritos*. Trad. V. Ribeiro. Rio de Janeiro: Zahar, 1998, p. 97.
[14]LACAN, J. (1946) Formulações sobre a causalidade psíquica. In: *Escritos*. Trad. V. Ribeiro. Rio de Janeiro: Zahar, 1998, p. 182.

O ACOLHIMENTO DA SINGULARIDADE NUM ATENDIMENTO EM GRUPO ▪▪ **77**

particularidade de cada um *no seio do grupo*. Por fim, o encontro com o outro tem de poder permitir ao sujeito experienciar o Outro a partir daquilo que, de si, se altera no que é inassimilável do encontro com o outro. É o que veremos com Baptiste, através de uma sequência de trabalho bem precisa.

Elevar a esquisitice à dignidade de estilo

Quando tem de pegar um objeto que está em cima da mesa ao redor da qual todos os participantes do grupo estão sentados, Baptiste faz com o braço um gesto "esquisito", como dirão as outras crianças: ele põe a mão nas costas e faz, demoradamente, com o braço retesado, um lento e longo movimento circular, terminando por colocar a mão no objeto desejado e por apanhá-lo. Ele o traz de volta para si com a mesma lentidão. O grupo permanece estupefato assistindo. Baptiste é conhecido pelos seus comportamentos "esquisitos" na escola, que frequentemente o excluem do grupo da classe. De fato, ele pode, por exemplo, tirar o sapato e lamber a sola — o que os adultos tomam como uma provocação. Ou, ainda, tira do estojo dos colegas objetos que, em seguida, ele vai jogar atrás de um balcão que fica na sala — o que é considerado furto.

No grupo, o seu gesto longo e lento não será objeto de comentários, mas, ao contrário, vai ser reproduzido. Nós o replicamos, fazendo o mesmo movimento para pegar um objeto, mas acrescentamos nele a fala, uma fala longa e lenta: "Eeeeeeeu... peeeeeeeegooooo... aaaaaa... cooooooooooolaaaaaaa...". Um dos participantes exclama: "É tipo uma câmera lenta!". O grupo começa, então, a certa altura, a "fazer câmeras lentas"; depois, cada um retoma o seu ritmo particular, e Baptiste continua com esses movimentos lentos que são, então, levados em conta pelo grupo como sendo o seu estilo.

Do grupo à trupe

A sequência clínica que acabamos de expor explicita aquilo que pode ser um trabalho de grupo orientado por uma concepção lacaniana. Trata-se, com efeito, de evitar dar consistência às identificações, que, como desenvolvemos acima, são reflexos imaginários que testemunham o laço de cada um com o seu próximo. Muito pelo contrário, o desafio de oficinas como essa é apostar no interesse da criança, apoiando-se no ou nos objetos que ela seleciona. Esse investimento torna-se, então, o motor da dinâmica de grupo. Nada de protocolo aqui, e sim uma improvisação para mobilizar não a criança em sua relação com os outros, mas o sujeito em seu laço com o Outro. Pois é grande o risco de impor uma oficina para todos, ao passo que se trata, muito pelo contrário, de poder oferecer uma mediação sob medida para cada um. É essa a condição necessária para que se possa bricolar uma solução viável e duradoura.

Se o "Repitam todos em coro" deve ser evitado, é porque um grupo terapêutico tem de ter a ambição de se elevar ao nível de uma *trupe*. Trupe[15] que deve ser entendida como esse funcionamento específico do grupo em que a

---

[15]RAUFAST, L., VINOT, F. e VIVES, J.-M. *La médiation par le théâtre: Freud et Dionysos sur la "scène" thérapeutique*. Paris: Arkhê, 2019.

O ACOLHIMENTO DA SINGULARIDADE NUM ATENDIMENTO EM GRUPO ▪ **79**

singularidade de cada um, longe de ser apagada, é identificada e utilizada a serviço de um projeto comum — como mostram as duas situações clínicas expostas anteriormente envolvendo Baptiste. O termo "trupe" vem do vocabulário teatral. A trupe teatral é constituída por individualidades bem fortes (pensemos na trupe de Molière), em que o estilo de cada um, que é inconfundível, é posto a serviço de um projeto comum através do trabalho da cena. Pensar o grupo terapêutico como trupe deve poder permitir que cada um encontre a sua via/voz, isto é, a sua própria frequência. Para tanto, a expressão pulsional deve poder se manifestar e, com ela, o gozo que lhe está associado. As oficinas de mediação tornam-se, então, locais de possível entrada em ressonância desse gozo não para neutralizá-lo, mas para que se possa bricolar um traquejo com essa esquisitice em si.

Durante nosso trabalho com Baptiste, replicamos o seu gesto acrescentando-lhe a fala; tentamos inscrever seu movimento, extrassenso àquela altura, numa amarração entre corpo e fala. Para tanto, foi preciso efetuar uma harmonização, inscrevendo-os num mesmo ritmo: um movimento longo e lento. A partir desse dizer, uma nomeação advém pelos membros do grupo, "uma câmera lenta", fazendo desse movimento um estilo, uma assinatura: a de Baptiste. Voltaremos, ao final desta obra, à função da assinatura no autismo. Por ora, o caso de Baptiste demonstra como um participante pode se apropriar de uma oficina para começar a trabalhar a sua relação com o gozo, harmonização sempre única entre corpo e linguagem.

Todo o desafio do terapeuta que atende um grupo consistiria, assim, em elevá-lo à categoria de trupe, para que cada

80 ▪ AUTISMO E MEDIAÇÃO

um possa experimentar ali o seu estilo numa relação que não seja mais somente de esquisitice ou de estranheza. Impor um ritmo e querer acertar o passo de todo mundo poderia, aliás, levar ao pior. Uma história — verídica, segundo alguns; da ordem do mito, para outros — conta que um pelotão militar atravessou uma ponte marchando. Só que a cadência imposta era justamente a frequência de ressonância da ponte. Ela desmoronou e o regimento pereceu. Desde então, os grupos militares interrompem a marcha quando passam por uma ponte. Sirvamo-nos dessa história como metáfora do que pode se tornar um grupo que se queira colocar em uníssono. Esse gênero de prática impele, aliás, a excluir todo e qualquer elemento que não estiver seguindo o ritmo e não couber no enquadramento previsto. A nossa sequência clínica põe em destaque uma outra lógica: permitir que cada um toque conforme o seu ritmo, participando de fato da construção de uma composição inédita.

PARTE **II**

"Os autistas ouvem a si próprios"[1]...

Estratégias de gestão do objeto voz implementadas pelo autista para acessar a fala

[1]LACAN, J. (1975) Conférence à Genève sur "Le symptôme". In: *La Cause du Désir*, n. 95, abril de 2017, p. 17.

CAPÍTULO 4

A voz como objeto e as estratégias de anulação do timbre

As produções vocais e linguísticas, assim como a relação com o entorno sonoro dos autistas, foram percebidas muito cedo como singulares, ou até estranhas. Pudemos encontrar algumas ilustrações disso a partir da exposição do tratamento de Leo: ecolalia, voz aguda, dicção cantarolante... É à elucidação da singularidade dessas produções que iremos, a partir de agora, nos dedicar: "Que se diga fica esquecido por trás do que se diz naquilo que se ouve"[1].

---

[1]LACAN, J. (1972) O aturdito. In: *Outros escritos*. Trad. V. Ribeiro. Rio de Janeiro: Zahar, 2003, p. 448.

Para além do sentido que ela transmite, à semelhança de uma canção de ninar, essa frase tange o nosso ouvido musical. Ali Lacan articula três registros implicados no ato de fala: o dito, o dizer e o que é ouvido. Veremos, ao longo desta segunda parte, que a linguagem se situa numa tensão, nunca apaziguada, entre sentido e musicalidade — o que a clínica do autismo nos leva a explorar até encontrar o inescutável, que seria, no campo sonoro, esse ponto identificado por Freud com o nome de *Unerkannt*. Ele aventa essa noção, que permanecerá para ele como um hápax em duas passagens bem breves de *A interpretação dos sonhos*, e que ele coloca em relação, em cada uma das vezes, com aquilo que chama de "umbigo do sonho". A primeira ocorrência é assim formulada: "Cada sonho tem pelo menos um ponto em que ele é insondável, um umbigo, por assim dizer, com o qual ele se vincula ao desconhecido"[2]. A segunda: "Esse [...] é o umbigo do sonho, o ponto em que ele assenta no desconhecido"[3].

Os tradutores das obras completas em francês optaram por traduzir *Unerkannt* por *non connu* [não conhecido]. Lacan, observando que o prefixo alemão *Un-* remete frequentemente à dimensão do impossível, ao impossível de reconhecer, àquilo que não se pode nem dizer, nem escrever, proporá traduzir *Unerkannt* por "impossível de conhecer" ou "para sempre não conhecido": "Será?", poderíamos dizer. É, obviamente, o real que se perfila aqui em sua dimensão de impossível. Real que a construção defensiva da psique tenta,

---

[2]FREUD, S. (1900) *Obras completas, vol. 4: a interpretação dos sonhos (1900)*. Trad. P. C. de Souza. São Paulo: Companhia das Letras, 2019, p. 146, n. 12.
[3]*Ibid.*, p. 580.

em vão, circunscrever e que, enquanto tal, assombra a linguagem, ameaçando transbordá-la na forma das ensurdecedoras injunções superegoicas, no neurótico; das alucinações, no psicótico; ou de um zumbido do real quase sem possibilidade de tratamento, no autista.

Objeto voz, voz sonorizada, voz oralizada

Vamos supor que você seja psicólogo. A gente leva ao seu consultório uma criança autista que começa com estas palavras: "Alnitak, Alnilam, Mintaka". Você concluiria que se trata de alguma forma de psicose infantil? O autismo comprometendo toda e qualquer comunicação humana? Ou então reconheceria os nomes de três estrelas do Cinturão de Orion e daria início a uma rica conversa astronômica?[4]

Com essas palavras, Joseph Schovanec indica o desafio que todo clínico tem de vencer: saber captar *o que se diz naquilo que se ouve*.

Nós já evocamos isso: o autista apresenta transtornos da linguagem. Embora sejam frequentemente postos na conta de um déficit, a psicanálise propõe uma outra abordagem para eles. Diversos trabalhos — dentre eles os de Jean-Claude Maleval, que serão referência ao longo desta parte — já salientaram que essas manifestações são a consequência de um relação particular com a voz: sua não cessão. Essa proposta repousa nas observações feitas com pessoas autistas,

---

[4]SCHOVANEC, J. *Je suis à l'est!* Paris: Plon, 2012, p. 21.

86 ▪ AUTISMO E MEDIAÇÃO

mas igualmente na atenção dada aos testemunhos escritos que, como já salientamos em nossa primeira parte, existem em quantidade hoje em dia.

Foi identificado, há um bom tempo, o pronunciado interesse das pessoas autistas pelos objetos que produzem ou reproduzem palavras, como os robôs, os computadores, mas também os gravadores de vídeo ou de áudio. Elas podem escutar e reescutar — quase *ad infinitum*, poderíamos dizer — uma sequência musical, às vezes colando a cabeça contra o alto-falante de onde se escuta a voz. Ademais, desde 1944, Asperger assinalava que as pessoas autistas tinham uma forma singular de "tomar a palavra". Com efeito, a voz delas pode ser monótona, aguda, robotizada... matizando assim o discurso com uma certa estranheza. Por fim, algumas chegam até a escolher pela não vocalização e utilizam um teclado para comunicar.

Todas essas manifestações, colocadas assim em série, poderiam parecer totalmente heterogêneas. No entanto, formulamos a hipótese de que elas são expressões proteiformes de uma mesma perturbação: a que é causada pela relação particular que o autista instaura com a voz. A voz de que estamos falando aqui não teria como ser reduzida à dimensão sonora do processo de enunciação. Convém apreendê-la no sentido de objeto pulsional, tal como Lacan pôde isolá-la, enquanto voz "áfona". A voz deve, então, ser entendida como aquilo que carrega e indica a presença do sujeito da enunciação e, portanto, do desejo que o faz existir. A partir daí, poderíamos dizer que a voz pode ser suportada por toda parte do corpo (laringe, olho, mão...) posta em jogo para sustentar um enunciado. O que nos importa aqui é que a voz é,

A VOZ COMO OBJETO E AS ESTRATÉGIAS DE ANULAÇÃO DO TIMBRE ■■ **87**

então, a testemunha, seja qual for a modalidade de enunciação, da presença de um sujeito *no que se diz daquilo que se ouve*. O que Lacan lembra: "Comumente, o sujeito produz a voz. Digo mais, a função da voz sempre faz intervir no discurso o peso do sujeito, o seu peso real"[5].

O peso real do sujeito vai se manifestar em toda tomada de palavra: "A linguagem não é um código, precisamente porque, no seu menor enunciado, ela veicula com ele o sujeito presente na enunciação"[6].

Aqui Lacan nos indica que o conjunto das modulações da voz envolve implosões, explosões, ou ainda cortes[7]. Assim, da exclamação — "por mais reduzida que vocês a suponham no vocalize"[8] —, ele faz um grito. Com efeito, a interjeição "*Ah!*", que se encontra no apoio da letra *a* — como em "eu te ch*a*mo" — já esboça a presença do grito na linguagem. Porém, o grito não pode ser dissociado do silêncio. Lacan diz até que ele o provoca: "ele o causa, ele faz com que ele surja, ele permite que ele sustente a nota"[9]. Noutros termos, "o grito faz o abismo onde o silêncio se precipita"[10]. Por meio do dilaceramento que ele cria, o grito faz furo no enunciado e convoca o silêncio. Silêncio provido de uma densidade que lhe será conferida pela "forma como o sujeito nele entra, faz com que [ele] dure, nele se

---

[5]LACAN, J. (1958-1959) *O seminário, livro 6: o desejo e sua interpretação*. Trad. C. Berliner. São Paulo: Zahar, 2016, p. 415, aula de 20 de maio de 1959.
[6]LACAN, J. (1964-1965) *Le séminaire, livre XII: les problèmes cruciaux pour la psychanalyse*, aula de 10 de março de 1965; inédito.
[7]*Ibid.*, aula de 17 de março de 1965.
[8]*Ibid.*, aula de 10 de março de 1965.
[9]*Ibid.*, aula de 17 de março de 1965.
[10]*Ibid.*, aula de 17 de março de 1965.

mantenha, dele saia"[11]. Grito e silêncio povoam a linguagem e são, assim, as testemunhas da "presença erótica do sujeito"[12], do seu peso real no seu endereçamento ao Outro. Assim, Lacan articula a pulsão invocante, cujo objeto é a voz, à dimensão do desejo — mais exatamente ao desejo do Outro. O desejo que o Outro tem por mim, mas igualmente o que manifesto por ele. Essa modalidade pulsional introduz a questão do endereçamento que constitui o vetor segundo o qual o desejo do Outro se manifesta. Esse endereçamento nunca será expresso de forma totalmente neutra, mas será formatado para se tornar voz severa ou voz suave, imperativa ou sedutora. O endereçamento indexa a manifestação do sujeito naquilo que se diz. É precisamente dessa dimensão que as pessoas autistas tentam se proteger tapando os ouvidos[13]. A questão que se coloca para nós é a seguinte, então: como a criança autista, apesar de o endereçamento ser insuportável, consegue se apropriar daquilo que se diz?

Falar implica três dimensões: há o que é ouvido, do lado da forma; o dito, do lado da informação; e o "que se diga", que é um dizer, testemunha da presença do peso do sujeito que fala. Esse peso da enunciação, que presentifica o objeto

---

[11]É, aliás, com essa dimensão que o músico joga: "o silêncio do qual o músico sabe fazer um tempo tão essencial quanto o de uma nota sustentada, da pausa ou do silêncio" (*Ibid.*, aula de 17 de março de 1965).

[12]*Ibid.*, aula de 17 de março de 1965.

[13]Lacan relaciona voz e olhar, como objetos pulsionais, ao desejo: desejo do Outro, para o primeiro; desejo em relação ao Outro, para o segundo. A questão do endereçamento pode se encontrar, é claro, igualmente vetorizada pelo olhar. Este pode ser, por exemplo, fulminante ou gentil; ele é uma manifestação do sujeito da mesma maneira que a voz severa ou a voz suave. A pessoa autista se protege disso por meio de uma fuga do olhar. Nessa segunda parte, nós nos centraremos no que há em jogo na voz.

A VOZ COMO OBJETO E AS ESTRATÉGIAS DE ANULAÇÃO DO TIMBRE 89

pulsional voz, cria uma tensão em todo ato de fala. Esta se constrói a partir de uma palavra que tem uma definição própria, conota-se com o contexto no qual é utilizada e obtém uma coloração a partir da acentuação marcada pelo peso do sujeito — que se manifesta no que propomos chamar de voz oralizada. Por *voz oralizada* entendemos a expressão no campo sonoro do objeto pulsional voz. Para ser percebido, o objeto pulsional deve adornar-se com as dimensões simbólico-imaginárias, que são o ritmo e a melodia, que formam, assim, o que é ouvido. Aqui encontramos a prosódia, que corresponde aos fenômenos de acentuação e de entonação (variação de altura, de duração e de intensidade), permitindo veicular, junto com o sentido, informações como a ênfase, mas também a asserção, a interrogação, a injunção, a exclamação... tornando o sujeito presente no que se diz.

Com efeito, a oralização implica um desejo de "se fazer ouvir", supondo um lugar de endereçamento claramente constituído. Parece-nos, então, essencial diferenciá-la da forma como as pessoas autistas se apropriam da voz para poderem se expressar. A estranheza da voz delas viria do fato de que ela não é oralizada, mas *sonorizada*. Como veremos em detalhe mais adiante, a sonorização seria esse trabalho *a minima* efetuado pelo autista sobre o objeto voz (voz monocórdia, da qual toda entonação melódica é banida; ou invólucro melódico, em que a escansão que recorta o fluxo das palavras tende a se apagar), permitindo que dela se utilize sem, por isso, cedê-la: uma produção sonora em que o peso do sujeito seria menor. A sonorização permitiria comunicar sem necessariamente "se fazer ouvir", o *se fazer ouvir* supondo a presença do Outro. Assim, podemos propor que o

90 ■ AUTISMO E MEDIAÇÃO

autista, em seu esforço de sonorização do objeto voz, utiliza a voz sem oferecê-la.

A sonorização permite, então, um engajamento menor, ao passo que a oralização implica, de fato, a intimação do sujeito naquilo que se ouve. Esse "peso", Lacan o articula ao autismo em sua conferência na Universidade de Columbia sobre o sintoma:

> Há pessoas para quem dizer algumas palavras não é tão fácil. Chama-se isso de *autismo*. Como se fosse simples! Não é necessariamente isso, de jeito nenhum. São meramente pessoas para quem o peso das palavras é muito sério, e que não estão facilmente dispostas a ficar numa boa com essas palavras.[14]

Esse peso das palavras, nós o situamos no engajamento subjetivo que a sua proferição necessita, e, logo, o sacrifício da voz como objeto, para fazê-la advir como fala. Poderíamos dizer que, para o autista, toda fala é carregada do peso do objeto voz não perdido. Nós compreendemos, então, a sua dificuldade de se expressar. Nesse sentido, o uso de uma voz frequentemente qualificada como particular pode ser entendido como tentativa de evitar a oralização das palavras, ao mesmo tempo em que se admite sonorizá-las *a minima*.

Por exemplo, com uma voz monocórdia, a pessoa autista bane toda e qualquer entonação melódica e reduz o dizer a

---

[14]LACAN, J. (1975) Columbia University Auditorium School of International Affairs. In: *Silicet* 6-7, 1976, p. 45-46.

A VOZ COMO OBJETO E AS ESTRATÉGIAS DE ANULAÇÃO DO TIMBRE ■ 91

zero. Inversamente, quando ela cantarola, só é perceptível um invólucro melódico em que a escansão que recorta o fluxo das palavras tende a se apagar. Por fim, notemos que, na maioria das vezes, as pessoas autistas utilizam a cavidade bucal como caixa de ressonância na qual as palavras parecem permanecer prisioneiras, não postas para fora. Todas essas manobras testemunham estratégias que as pessoas autistas têm de bricolar para poder tomar a palavra. Desde já, frisemos que elas solicitam uma dimensão, em particular, do campo sonoro: o timbre.

O timbre: real da voz oralizada

Um som é organizado e caracterizado por parâmetros, que são em número de quatro: altura, duração, potência e timbre. Um som se diferencia, assim, de um ruído, do qual se mede apenas a potência. Com frequência, escutamos sons complexos (a voz, por exemplo) constituídos de vários sons puros emitidos simultaneamente. Quando o número de sons puros misturados se eleva e aumenta a complexidade do som, os diferentes parâmetros já não são discerníveis: é a cacofonia — e fala-se, então, em ruído.

Tomemos um a um esses parâmetros musicais do som:

- a altura, mensurável em Hertz, corresponde à frequência do som (grave/agudo);
- a duração, mensurável em segundos, determina a comprimento do som (longo/curto);
- o volume, mensurável em decibéis, quantifica a intensidade do som (fraco/forte).

O quarto e último parâmetro é o timbre. Ele é o mais enigmático dos quatro: não possui unidade de medida e escapa, portanto, a toda e qualquer possibilidade de ser totalmente cingido. Não uma medida, portanto, mas uma visualização possível das diversas frequências que lhe são associadas é o que permite mostrar o seu espectro sonoro com o auxílio de analisadores. Com efeito, o timbre se manifesta naquilo que se chama de "cor" do som. Esta nunca é pura, e sim resulta de um emaranhamento complexo no qual outras frequências sonoras (harmônicos, reverberações) vêm se enxertar na frequência inicial. Vemos, portanto, a complexidade desse parâmetro que é o timbre. "Não se teria como defini-lo numa só palavra", afirma o compositor Charles Koechlin (1867-1950) no seu *Traité d'orchestration* [Tratado de orquestração][15]. Contudo, e esse é um dos seus paradoxos, o timbre é imediatamente identificável. Ele não se deixa apreender por uma medida direta, mas é, no entanto, reconhecível. A gente não conhece um timbre, a gente o reconhece. Com base nisso, para falar do timbre, estaremos condenados a utilizar termos que introduzem uma comparação com outro sentido: um timbre macio ou duro, abafado ou brilhante... Assim, o timbre é o que faz com que um som produzido na mesma altura, de mesma duração, com a mesma intensidade, não pareça com um outro, *criando, assim, uma vibração única e singular.* Cada um de nós, por exemplo, é capaz de reconhecer os timbres de vozes familiares cantando a mesma melodia. O timbre de uma voz natural pode, então, se definir como aquilo que é único, próprio a cada indivíduo

---

[15]KOECHLIN, C. *Traité d'orchestration.* Paris: Max Eschig, 1954, p. 12.

e, por isso mesmo, inclassificável. No decorrer do tempo, ele vai acumulando marcas da vivência da pessoa e pode se modificar com os ataques violentos do real: adolescência, doença laríngea, menopausa, tabagismo... Podemos, então, considerar que o timbre faz com que exista aquilo que há de mais real na voz. Com efeito, o timbre não é, ele existe. Essa ek-sistência — para retomar a grafia proposta por Heidegger — do timbre implica que ele se mantém à frente do sentido: o timbre não participa do efeito de significação, mas põe para vibrar a mensagem transmitida.

Assim, o timbre existe a partir da manifestação da presença do sujeito nos "contornos temporais" do som (ataque, queda, sustentação, extinção), características essenciais que necessitam de um "ressoador privilegiado": o corpo, que então se comportaria como receptor do timbre. Mais precisamente, é pelo timbre que se manifesta a amarração do sujeito com o corpo. O timbre "assombra" o som através do corpo. Esse último ponto é essencial, pois a clínica desenvolvida nesta obra indica claramente que o engajamento — ou, ao contrário, a salvaguarda do corpo — é uma questão central para o autista. O timbre é o que escaparia do poder de simbolização e permanece intraduzível — o que faz dele um nome para o real da voz[16]. Por fim, poderíamos dizer que o timbre é uma forma de tachar as manifestações reais do sujeito no sonoro. O sujeito de que estamos falando aqui não é o sujeito que emerge das formações do inconsciente — primeiro ensino de Lacan —, mas

---

[16]VIVES, J.-M. (2012) *A voz no divã: uma leitura psicanalítica sobre ópera, música sacra e eletrônica*. Trad. M. Sagayama. São Paulo: Aller, 2020.

94 ∎ AUTISMO E MEDIAÇÃO

é esse movimento criado pelo encontro da linguagem e do corpo que propomos cingir a partir da pergunta "Será?",[17] interrogação primordial sobre o próprio ser da criança autista, que guarda uma assonância com o S de "sujeito". Voltaremos a isso adiante.

A manifestação do sujeito se ouve na fala, na medida em que ela é o sentido assombrado pelo timbre. Negativação do simbólico pelo real, o timbre pode ser, então, concebido como ponto de real que excede a fala, mas que, paradoxalmente, torna possível o seu investimento pelo *infans*. Com efeito, o *infans* o reconhece cedo, como puderam mostrar as experiências dos psicólogos geneticistas conduzidas com lactantes com algumas horas de idade. O timbre seria, então, *êxtimo* à fala e transmitido ao mesmo tempo que ela.

Prontamente o identificamos a partir do circuito da pulsão invocante. A voz enquanto objeto pulsional é "tudo do significante que não concorre para o efeito de significação"[18]. A voz, portanto, é posta em posição de resto (para o neurótico), um resto que o prende ao Outro: após ter ressoado ao timbre do Outro, o sujeito em devir assume-o e o rejeita, ao mesmo tempo. Com efeito, ele assume esse timbre originário pelo fato de que um "Sim" acolhe a voz do Outro (*Bejahung*) — sim ao chamado a advir — e, ao mesmíssimo tempo, o rejeita (*Ausstossung*), devendo o sujeito poder ficar surdo a ela para poder adquirir a sua própria voz. Somos aqui confrontados com um "Não" (*Ausstossung*) que se coloca a serviço

---

[17]Ver nota 31 do capítulo 2.
[18]MILLER, J.-A. Jacques Lacan et la voix. In: LEW, R. e SAUVAGNAT, F. (org.) *La Voix*. Paris: La Lysimaque, 1989, p. 180.

A VOZ COMO OBJETO E AS ESTRATÉGIAS DE ANULAÇÃO DO TIMBRE **95**

de um "Sim" (*Bejahung*) [19], e que irá permitir que o sujeito por vir possua uma voz sem ser invadido (demais) pela do Outro. O *infans*, num mesmo movimento, diz "Sim" e "Não" ao timbre originário. Esse processo, articulando aceitação e recusa, permite à voz que convocou o real a advir permaneça, assim, em seu lugar, isto é: inaudível, num primeiro momento; depois, inaudita. Assim, para se tornar falante, o sujeito tem de adquirir uma surdez específica para esse outro que é o real da voz. O ponto surdo[20], então constituído, é definido como o lugar em que o sujeito, enquanto emissor por vir, tem de poder esquecer que ele é receptor do timbre originário. Ele tem de poder se tornar surdo ao timbre primordial para falar sem saber o que diz — isto é, como sujeito do inconsciente. Essa surdez à voz primordial permitirá que o sujeito, por sua vez, solte a voz. Portanto, ele tem de perder essa voz como objeto (áfona) para adquiri-la como oralizada[21]: a oralização é o que faz ressoar uma fala a partir do vazio deixado pela perda do objeto pulsional. Assim, o que se ouve criou raízes num real e adornou-se com o imaginário e o simbólico, autorizando a emergência de um efeito de sentido. Ora, a criança autista, não conseguindo se separar

---

[19]Cf. DIDIER-WEILL, A. *Un mystère plus lointain que l'inconscient*. Paris: Aubier/Flammarion, 2010.
[20]VIVES, J.-M. Pour introduire la notion de point sourd. In: BENTATA, H.; FERRON, C.; LAZNIK, M.-C. (org.) *Écoute, ô bébé, la voix de ta mère... La pulsion invocante*. Toulouse: Éres, 2015, p. 91-107.
[21]Aqui remetemos novamente o leitor ao esquema da divisão que Lacan desenvolve em seu seminário *A angústia*. Cf. LACAN, J. (1962-1963) *O seminário, livro 10: a angústia*. Trad. V. Ribeiro. Rio de Janeiro: Zahar, 2005, p. 36, aula de 21 de novembro de 1962, e p. 128, aula de 23 de janeiro de 1963.

desse objeto voz, encontra-se completada por ele e não pode se abrir ao Outro como lugar da linguagem.

O objeto voz permanece, então, objeto pequeno *a*, não separado, e frequentemente se manifesta na forma de gritos. Poderíamos dizer, parafraseando Jacques-Alain Miller[22], que nada da cadeia significante e daquilo que a acompanha concorre para um efeito de significação. O significante é um e não pode se inscrever numa cadeia — sob pena de fazer brotar, através do timbre, a dimensão obscena da voz.

Se, para o neurótico, o timbre é uma marca fortemente investida pelo objeto voz; se, para o psicótico, ele é o que acompanha a manifestação do objeto voz no real, na forma da alucinação[23]; para o autista, o timbre presentifica o gozo ligado ao objeto voz. Para fazer frente a isso, o autista tenta construir uma dimensão sonora a essa voz, abrindo então a possibilidade de um traquejo com o gozo contido nesse objeto.

As páginas que se seguem serão dedicadas à análise das estratégias implementadas pelas pessoas autistas para apreender, com menos riscos, o objeto voz. Assim, as características intrínsecas das formas de vocalidades encontradas no autista (não sonorização, voz monocórdia e voz cantarolada) permitiriam que ele tivesse a experiência do apagamento

---

[22]Estamos fazendo referência aqui à frase citada anteriormente: "tudo do significante que não concorre para o efeito de significação" (MILLER, J.-A. Jacques Lacan et la voix. In: LEW, R. e SAUVAGNAT, F. (org.) *La Voix*. Paris: La Lysimaque, 1989, p. 180).

[23]Em 1892, Jules Séglas já salientava a presença da dimensão do timbre na alucinação verbal auditiva: "muitos creem reconhecer em suas alucinações o timbre da voz de algumas determinadas pessoas" (SÉGLAS, J. [1892] *Les troubles du langage chez les aliénés*. Paris: L'Harmattan, 2010, p. 116).

A VOZ COMO OBJETO E AS ESTRATÉGIAS DE ANULAÇÃO DO TIMBRE ▪▪▪ **97**

da dimensão subjetiva da enunciação a partir do desaparecimento do timbre (total ou parcial). A não sonorização e a verborreia, enquanto tentativas de anulação do timbre, são as primeiras modalidades às quais iremos nos ater.

Quando a voz não se sonoriza

São muitas as pessoas autistas que não falam. O testemunho escrito de um deles, Birger Sellin — que, pelo viés do teclado de um computador, conseguiu se expressar —, nos leva a não fazer equivalerem rápido demais o mutismo e a ausência de pensamento estruturado. O que, então, está em jogo na não sonorização da linguagem que às vezes mergulha as pessoas autistas no mutismo? Estudaremos aqui uma das estratégias possíveis para responder a essa impossibilidade de sonorização do objeto voz, sem deixar de se inscrever no circuito da comunicação: a escrita via teclado.

O mutismo

Como acabamos de ver, seja qual for a sua estrutura, todo sujeito é confrontado com a efração originária trazida pelo real, descompletude primordial que é a condição indispensável para entrar na linguagem. Henri Rey-Flaud assinala: "Nenhum ser teria como se subtrair ao pagamento desta dívida, inscrita na lei da linguagem, que constitui a primeira experiência da morte"[24].

---

[24]REY-FLAUD, H. *L'enfant qui s'est arrêté au seuil du langage: comprendre l'autisme*. Paris: Flammarion, 2008, p. 125.

98 ▮▮ AUTISMO E MEDIAÇÃO

O autor prossegue indicando que, no autismo, "'quase nada' do registro escritural chegou a contramarcar [...] o trajeto realizado pelo objeto no decorrer de sua perda"[25]. Esse *quase nada*, que o autor toma o cuidado de colocar entre aspas, explana o fato de que a pessoa autista não está fora da linguagem, mas que a sua relação com a linguagem e com o sentido será marcada por um enganche bem particular. O autor explica, então, que a marca da fala no corpo "a assumiu um caráter de efração real, de dilaceramento não mediado pela linguagem, que aboliu, de antemão, toda e qualquer possibilidade de bordagem interna"[26].

Uma dupla consequência decorre disso. A primeira concerne ao valor da linguagem, em que o sentido irá adquirir um caráter unívoco de verdade absoluta para as pessoas autistas, como veremos na próxima parte. A segunda incide no corpo. O estudo do estádio do espelho nos mostrou que a impossibilidade de *bordagem interna* impede o autista de se construir um corpo tanto imaginário quanto fantasístico. Ele só pode ser "o seu corpo confundido com o seu ser"[27]. Como desenvolvemos anteriormente a partir do caso de Leo, o corpo é a sede de um gozo invasivo; ele é substância gozosa[28] e, no caso do autismo, se confunde com o entorno num "sentimento oceânico" — para retomar o termo de Freud. Essas sensações são, portanto, "uma concentração da 'consciência'

---

[25]*Ibid.*
[26]*Ibid.*, p. 125-126.
[27]REY-FLAUD, H. *Les enfants de l'indicible peur: nouveau regard sur l'autisme.* Paris: Aubier, 2010, p. 482.
[28]Cf. LACAN, J. (1972-1973) *O seminário, livro 20: mais, ainda.* Trad. M. D. Magno. Rio de Janeiro: Zahar, 1985.

A VOZ COMO OBJETO E AS ESTRATÉGIAS DE ANULAÇÃO DO TIMBRE ■ **99**

sobre o seu corpo orgânico experimentado como um pedaço de real"[29]: *Será?*[30] O corpo-carapaça da criança autista é uma das respostas possíveis frente ao risco de desmantelamento. Toda pessoa que frequentou os prontos-socorros infantis sabe que a criança autista pode enfiar objetos nos buracos do corpo para obturá-los: uma bolinha introduzida numa narina, massa de modelar tapando a orelha etc. Ela obtém, assim, um corpo fechado, sem furo. Isso corresponde à necessidade de construir uma borda real, na falta de ter podido se constituir uma bordagem interna, uma imagem do corpo.

Ora, a linguagem está em contato com o corpo numa topologia particular: "ela está fora dos corpos que por ela são agitados"[31]. O corpo-carapaça não pode fazer frente a essa entrada em ressonância, e o risco de desconjuntamento é grande. O encontro da linguagem e do corpo, tendo adquirido um valor de *dilaceramento*, deixa a pessoa autista à mercê de um Outro onipotente, ou até voraz. Se o autista pode aceitar comunicar, mas não falar, é justamente pelo receio de convocar a fúria dos deuses — mais exatamente, o gozo do Outro. Esse Outro não o indagaria a respeito de seu desejo, como na neurose (*"Che Vuoi?"*[32]), tampouco a respeito daquilo que ele é, como

---

[29]REY-FLAUD, H. *Les enfants de l'indicible peur: nouveau regard sur l'autisme.* Paris: Aubier, 2010, p. 130.
[30]Ver nota 31 do capítulo 2.
[31]LACAN, J. (1972-1973) *O seminário, livro 20: mais, ainda.* Trad. M. D. Magno. Rio de Janeiro: Zahar, 1985, p. 19, aula de 21 de novembro de 1972.
[32]*Che vuoi?* é a pergunta que Jacques Lacan salienta no romance de Jacques Cazotte, *O diabo enamorado.* Trata-se do momento em que o jovem herói, após ter invocado os poderes infernais, vê surgir uma enorme cabeça de camelo que lhe pergunta: "Que queres? *Che vuoi?*". O "Que queres?" interroga o desejo do Outro (desejo que tenho do Outro e desejo que ele tem de/por mim) e cria uma hiância onde o sujeito deverá estabelecer o seu próprio

na psicose. Muito pelo contrário, separando-se do Outro, ele é levado a se interrogar a respeito de seu próprio ser. "E será?", poderíamos dizer, brincando com a assonância entre a interrogação absoluta que o autista se impõe e o esse (S) que tenta se fazer representar na cena do mundo, ali onde na maioria das vezes ele está totalmente só[33]. Esse "Será?" remete às entranhas do falasser. Ele seria o testemunho de uma entrada em movimento oriunda do encontro da linguagem com o corpo — do qual, no caso do autismo, "quase nada" foi registrado. Cabe a nós, então, o encargo — e nisso há uma posição ética — de supor um sujeito ao qual se convém disponibilizar a escuta, ainda que os canais escolhidos por ele não sejam os habitualmente utilizados. A evitação da pergunta abissal "Será?" é o grande desafio na origem da recusa à dimensão enunciativa e do sacrifício da voz como objeto que isso implica. Assim, como indica Jean-Claude Maleval[34], podemos frisar que a criança autista está menos numa recusa de comunicar do que numa recusa de falar.

Com efeito, vários testemunhos de pessoas autistas nos demonstram a que ponto falar pode confrontá-las com uma verdadeira dor que elas só conseguem procurar evitar. Éric Laurent chega até mesmo a falar em automutilação para descrever o efeito produzido por uma fala pronunciada

---

desejo. Cf. CAZOTTE, J. *O diabo enamorado*. Trad. E. S. Abreu. Rio de Janeiro: José Olympio, 2014, p. 23; trad. modificada. Cf. também: LACAN, J. (1958-1959) *O seminário, livro 6: o desejo e sua interpretação*. Trad. C. Berliner. São Paulo: Zahar, 2016, p. 23-24.

[33]Ver nota 31 do capítulo 2.

[34]MALEVAL, J.-C. (2009) *O autista e a sua voz*. Trad. P. S. de Souza Jr. São Paulo: Blucher, 2017.

A VOZ COMO OBJETO E AS ESTRATÉGIAS DE ANULAÇÃO DO TIMBRE **101**

por certos autistas. Não faltam exemplos na clínica, como vimos com Leo: quando a intensificação de seus movimentos estereotipados já não basta para conter o gozo em jogo, ele pode bater a cabeça contra as paredes até sangrar. Para compreender isso, façamos uma distinção entre a passagem ao ato e o ato. Um ato leva a encarar o sujeito em sua relação, ou não, com uma articulação significante: "o ato (puro e simples) tem lugar por um dizer"[35]. Ele se inscreve, assim, numa temporalidade e "se articula num antes e num depois"[36]. Para Lacan, o ato vem dizer como o sujeito é pego na cadeia significante. Assim, é ao se fazer responsável pelo seu dizer que um sujeito pode assumir ser o autor de seu ato. A passagem ao ato, ao contrário, é um momento de apagamento do sujeito. Ele já não é sujeito de um dizer, ele está "fora da cena"[37]. Assim, frente à demasia de gozo em jogo, as capacidades de regulação da borda autística podem chegar ao seu ponto de ruptura e a automutilação então se impõe como uma "solução" que permite uma castração no real, cavando um buraco onde tudo é pleno.

Retornemos à proposição de Éric Laurent, para o qual pronunciar uma fala pode equivaler, para uma pessoa autista, a uma automutilação. Ele ampara a sua demonstração nas "frases espontâneas" produzidas por alguns. A frase

---

[35]LACAN, J. (1969) O ato psicanalítico. In: *Outros escritos*. Trad. V. Ribeiro. Rio de Janeiro: Zahar, 2003, p. 371.
[36]*Ibid.*, p. 375.
[37]LACAN, J. (1962-1963) *O seminário, livro 10: a angústia*. Trad. V. Ribeiro. Rio de Janeiro: Zahar, 2005, p. 129, aula de 23 de janeiro de 1963. Na neurose, a passagem ao ato curto-circuita o dizer, testemunhando a separação em relação ao Outro.

espontânea é uma forma de qualificar os enunciados que podem ser produzidos por pessoas autistas consideradas caladas o restante do tempo. Os pais de Bastien, recebidos em entrevista, explicam sua surpresa quando o filho de cinco anos, até então calado, disse para a irmã que acabara de lhe tomar o cubo mágico: "Dá o cubo". Isso ecoa uma situação que aconteceu com Birger Sellin.

Como ele tinha um interesse particular por bolinhas, o seu pai, para fazer graça com ele, roubou-lhe uma, diante do que Birger o interpelou distintamente: "Me dá a minha bola!"[38]. Esse tipo de enunciado muito direto é frequentemente encontrado na clínica do autismo. Essas intimações — ainda que, na maioria das vezes, permaneçam casos isolados — não deixam de testemunhar a capacidade que a criança tem para falar. Apesar disso, falar implica o sacrifício da voz no altar da fala. Para Éric Laurent, essas "frases espontâneas" são automutilações por "tornarem presente o corpo que se esquece no dizer"[39]. Enquanto corpo e ser teriam tendência a se dissolver no universo, as frases espontâneas mostram-se dolorosas, na medida em que são uma oralização que transforma palavras em fala, convocando a dimensão do sujeito e fazendo com que o corpo exista.

A não sonorização pode ser entendida então como estratégia de defesa para manter o corpo a salvo de toda e qualquer entrada em vibração. Essa estratégia, sem dúvida a mais radical, visa não ceder o objeto voz; por conseguinte,

---

[38]SELLIN, B. *Une âme prisonnière*. Paris: Robert Laffont, 1994, p. 24.
[39]LAURENT, É. (2012) *A batalha do autismo: da clínica à política*. Trad. C. Berliner. Rio de Janeiro: Zahar, 2014, p. 112.

A VOZ COMO OBJETO E AS ESTRATÉGIAS DE ANULAÇÃO DO TIMBRE ▉ **103**

ela negativa a dimensão do timbre. Ergue-se um muro entre o sujeito e o Outro. Com efeito, evitar esse sacrifício da voz tem um preço: o fechamento. A fala faz ressoar o ser — o "Será?"[40] — até uma petrificação que se impõe como modalidade de regulação do gozo. Na nossa primeira parte, fizemos dessa petrificação uma forma de se separar de um mundo vivido como caótico.

O enunciado de Lacan no seminário 1 pode nos ajudar a esclarecer a nossa prática: "Uma palavra só é palavra na medida exata em que alguém acredita nela"[41]. Aí está justamente o drama da criança autista que não oraliza. É igualmente a partir dessa crença, que preferimos chamar de "suposição", que o clínico vai reintroduzir as manifestações sonoras produzidas pelo autista — mutismo, gritos, grunhidos, ecolalias, palilalias... — no campo da fala. Trata-se, é claro, no encontro com uma pessoa autista, de supor a existência de um sujeito da linguagem. Birger Sellin abre-nos um caminho graças aos seus escritos, que ele efetuou através de um computador.

O teclado do computador: uma resposta possível à impossibilidade da sonorização do objeto voz

Birger Sellin parou de falar aos dois anos de idade. Embora as suas reações, ao longo de toda a infância e adolescência,

---

[40]Ver nota 31 do capítulo 2.
[41]LACAN, J. (1953-1954) *O seminário, livro 1: os escritos técnicos de Freud*. Trad. B. Milan. Rio de Janeiro: Zahar, 1979, p. 272, aula de 16 de junho de 1954; trad. modificada.

provem que ele se comunica com o seu entorno, ele não pronuncia a menor palavra sequer — evitando, desse modo, todo e qualquer ato de fala. É só aos 17 anos que ele vai poder se expressar, graças a uma proposta audaciosa: utilizar o teclado de um computador. E aí está o que muito rapidamente ele consegue produzir: "Por dentro somos adultos e eficazes mesmo sem fala nós os seres-em-caixas conseguimos compreender todas as insanidades que são ditas"[42].

Para implementar essa "comunicação assistida" por computador, Birger Sellin apoiou-se em sua mãe. Sentado em frente ao computador, segura a mão dela — que fica com o indicador apontado — para apertar as teclas do teclado. Ele utiliza, assim, a mão de um outro que deve, simultaneamente, ser um apoio e, ao mesmo tempo, saber ser dócil. Essa dependência cria nele um sentimento de vergonha: "Sem linguagem sou um pobre coitado e só consigo escrever com a ajuda de uma outra pessoa é muito humilhante e tenho vergonha disso"[43]. Com o passar do tempo, ele pôde utilizar esse dispositivo com o auxílio de outras pessoas, especialmente com Dankward, um educador: "ontem à noite pela primeira vez escrevi com dankward como com você foi maravilhoso de verdade"[44]. Essa dificuldade em ser autônomo na escrita é um impedimento para Birger Sellin, que enuncia que é só adquirindo a autonomia que ele irá escrever "de verdade".[45]

---

[42]SELLIN, B. *Une âme prisonnière*. Paris: Robert Laffont, 1994, p. 140.
[43]*Ibid.*, p. 62-63.
[44]*Ibid.*, p. 87. No texto original, o prenome Dankward não está escrito com maiúscula.
[45]*Ibid.*, p. 108.

A VOZ COMO OBJETO E AS ESTRATÉGIAS DE ANULAÇÃO DO TIMBRE ▬ **105**

Desde os seus primeiros escritos, Birger Sellin revela a sua vontade de comunicar, mas a sua impossibilidade de falar. Ele não consegue pronunciar as palavras. A introdução da voz oralizada no ato de fala parece-lhe tão dolorosa que a maior parte do tempo ele parece preferir permanecer surdo e mudo a isso tudo. Trata-se aí de um termo frequentemente utilizado por ele. A escrita vem, então, trilhar um caminho para encontrar uma saída "para esse labirinto nauseante" que é a vida interior: a "escrita é uma ajuda formidável"[46]:

> Um ser mudo também quer se articular
> Ele também tem direito à linguagem.[47]

O uso da escrita tem diversas funções para ele. Isolaremos duas, em principal. A primeira consiste em dar uma forma às suas angústias e evitar, assim, os gritos — ou até mesmo os berros — que podem se apoderar dele, e que ele qualifica como animalescos. Graças a essa aparelhagem, "um ser-de-pedra foi transformado num ser humano capaz de experimentar sensações"[48]. A segunda função da escrita é a de permitir que esse jovem autista se aproprie da linguagem e, assim, possa estar entre os demais. Cria-se, então, para Birger Sellin, um espaço de contato com o Outro; e, com isso, ele almeja enviar "mensagens ao povo do mundo da superfície"[49]. Lendo os seus escritos, não temos como não notar a sua vontade de

---

[46]*Ibid.*, p. 145.
[47]*Ibid.*, p. 134.
[48]*Ibid.*, p. 160.
[49]*Ibid.*, p. 58.

106 ▨ AUTISMO E MEDIAÇÃO

comunicar: "Achim tem o direito de saber que [...]"[50], "ele é importante [...] que eu lhe diga o que quero viver [...]"[51]. Todavia, expressar-se não é só uma simples libertação. Às vezes lhe são necessários momentos de recuo, que oferecem "proteção e refúgio"[52]. Noutros momentos, a dor experimentada leva-o a uma recrudescência das suas cóleras:

Sou tão perseverante numa cólera permanente só depois que escrevo antes não tinha esperança de toda forma agora tudo se apresenta de um jeito diferente vocês também esperam basicamente mais eu não consigo cumprir isso.[53]

Essa passagem é essencial, pois nos permite identificar claramente que o desafio se situa ao redor da espera do outro, da sua demanda e do seu desejo. Embora a escrita evite solicitar o objeto voz numa sonorização, ela não consegue preservar Birger Sellin do seu encontro com o Outro. Assim escreve ele, justamente: "os pensamentos totalmente em repouso elaborados vibram encarangados quando saem à luz do mundo externo"[54]. Poderíamos encontrar aqui uma ilustração disso que entendemos por voz *sonorizada* e *endereçada*. A não verbalização de Birger Sellin, associada à sua intensa atividade de pensamento, nos leva agora a precisar essa questão. A aposta da sua escrita é, sem dúvida, permitir a constituição de um lugar de endereçamento que não seja ameaçador demais.

---

[50]*Ibid.*, p. 88.
[51]*Ibid.*, p. 89.
[52]*Ibid.*, p. 58.
[53]*Ibid.*, p. 131.
[54]*Ibid.*, p. 108.

A VOZ COMO OBJETO E AS ESTRATÉGIAS DE ANULAÇÃO DO TIMBRE **107**

Ele também quer se endereçar ao maior número de pessoas: "Gostaria tanto de dizer pra todo mundo como eu me sinto dentro do meu muro autístico"[55]. Endereçar-se a todos não seria uma forma de não se endereçar a ninguém em particular? É assim que ele se volta para a escrita de poemas:

> Canto essa canção das profundezas do inferno
> e convoco todos os mudos desse mundo
> fazei dessa canção o vosso canto fazei derreter
> vossas paredes de gelo
> e recusai serdes excluídos.[56]

O endereçamento revela-se quase sempre problemático para as pessoas autistas, o que demonstra em ato a sua inscrição dolorosa no circuito da pulsão invocante. Lacan identifica isso muito cedo por meio de um caso clínico:

> Estamos, com Dick, no nível do chamamento. O chamamento ganha o seu valor no interior do sistema já adquirido da linguagem. Porém, aquilo de que se trata é que essa criança não emite chamamento algum. O sistema pelo qual o sujeito vem se situar na linguagem é interrompido, no nível da fala. [...] essa criança é, até certo nível, mestre da linguagem, mas ela não fala. É um sujeito que está aí e que, literalmente, não responde.[57]

---

[55]*Ibid.*, p. 136.
[56]*Ibid.*, p. 176.
[57]LACAN, J. (1953-1954) *O seminário, livro 1: os escritos técnicos de Freud*. Trad. B. Milan. Rio de Janeiro: Zahar, 1979, p. 102, aula de 24 de fevereiro de 1954; trad. modificada.

O autista não suporta que lhe chamem. Concomitantemente, ele pode exigir, mas não chama — evitando, assim, confrontar-se com a dimensão subjetiva do outro. É o que Birger Sellin testemunha; ele não consegue demandar, mas, em contrapartida, consegue se apropriar do dedo de um outro para apetar o teclado. Trata-se aí da mesma lógica que aquela apresentada pelas crianças que não conseguem nem dizer, nem indicar o que desejam (comer, por exemplo), mas conseguem pegar a mão da pessoa que se ocupa delas para levá-la até o objeto desejado (como um pacote de bolachas, por exemplo).

A voz destimbrada ou a tentação da máquina

Ao contrário dessas crianças autistas que recusam *soltar a voz*, alguns autistas são logorreicos, o que é frequentemente chamado de "verborreia autística". Lacan formulou as coisas da seguinte maneira: "Que vocês tenham dificuldade de ouvir, de dar alcance ao que eles dizem, isso não impede que eles sejam personagens sobretudo verborrágicos"[58].

A isso acrescentamos o tom particular que eles utilizam na maioria das vezes: frequentemente indexado como monocórdio, preferimos qualificá-lo como destimbrado. Veremos aqui como, a partir desse destimbramento da voz, uma sonorização das palavras é possibilitada. Ela abre então, para a pessoa autista, um acesso a uma linguagem feita de signos.

---

[58]LACAN, J. (1975) Conférence à Genève sur "Le symptôme". In: *La cause du désir*, n. 95, abril de 2017, p. 17.

A VOZ COMO OBJETO E AS ESTRATÉGIAS DE ANULAÇÃO DO TIMBRE ▪ 109

Uma anulação do timbre que possibilita o investimento da linguagem pelo autista

Joseph Schovanec relata que frequentemente as pessoas acham que ele é estrangeiro e procuram identificar aquilo que pensam ser um sotaque. Trata-se, na verdade, de uma forma particular de falar que matiza a enunciação com uma certa esquisitice. Encontramos esse mesmo fenômeno em diversas crianças autistas. Elas apresentam, então, uma quase ausência de prosódia, o que confere às suas intervenções um caráter estranho, ou até estrangeiro. Temple Grandin explica: "Minha voz era monótona, com pouca modulação e nenhum ritmo. Isso já bastava para me marcar como uma pessoa diferente"[59].

Asperger já havia notado que uma voz monocórdia era mais facilmente aceita pelo autista. Jean-Claude Maleval lembra isso numa de suas obras:

"Observamos com nossas crianças [...] que, se lhes damos instruções de forma automática e estereotipada, com uma voz monocórdia como elas mesmas falam, tem-se a impressão de que *devem* obedecer, sem possibilidade de se oporem à ordem", de modo que ele [Asperger] preconizava que se lhes apresentasse toda e qualquer medida pedagógica "com uma paixão desbotada" (sem emoção).[60]

---

[59]GRANDIN, T. (1983) *Uma menina estranha: autobiografia de uma autista*. Trad. S. Flaksman. São Paulo: Companhia das Letras, 1999, p. 28; trad. modificada.
[60]Hans Asperger citado por MALEVAL, J.-C. (2009) *O autista e a sua voz*. Trad. P. S. de Souza Jr. São Paulo: Blucher, 2017, p. 282. Jean-Claude Maleval faz aqui referência ao texto de ASPERGER, H. Die autistischen Psychopathen im Kindesalter. In: *Archiv für Psychiatrie und Nervenkrankheiten*, 1944, p. 76-136.

110 ■ Autismo e Mediação

Evidentemente que, se Asperger fazia disso um instrumento pedagógico, a nossa abordagem é totalmente outra. Trata-se, para nós, de compreender de que dimensão da voz a pessoa autista necessita se proteger, e como é que a voz destimbrada perde a sua carga insuportável.

Essa voz monocórdia, destimbrada, podendo ser comparada à de uma criança *surda* que aprende a oralizar[61], deve ser entendida como uma estratégia: por meio da voz destimbrada, o autista tenta anular a dimensão do timbre e diluir a densidade enunciativa. Em certos aspectos, a sua enunciação possui uma proximidade com uma voz robotizada. Essa sonorização, que deve ser distinguida de uma oralização, é um tratamento possível dessa parte inescutável — *Unerkannt* — da voz que surge a partir do momento em que o peso real do sujeito entra em jogo e da qual convém se precaver. Esse apagamento do timbre — e, portanto, a evitação da presentificação do objeto voz — permite que o autista não ressoe àquilo que ele diz, deixando-o então livre de raciocinar, tal como o exemplo de Joseph Schonavec mostra suficientemente bem.

Com efeito, essa ausência de engajamento frequentemente contrasta, de forma radical, com o fluxo de palavras e/ou de perguntas com que alguns deles podem inundar as pessoas próximas. O próprio Birger Sellin escreve, a partir de sua posição calada, ser um "doido tagarela"[62]. Esse aparente paradoxo

---

[61]Nós já trabalhamos essa dimensão muitos anos atrás: VIVES, J.-M. e AUDEMAR, C. Improvisation maternelle et naissance du sujet: une approche en musicothérapie. Le petit garçon qui parlait d'une voix sourde. In: *Dialogue*, n. 159, Toulouse: Erès, 2003, p. 106-118.
[62]SELLIN, B. *Une âme prisonnière*. Paris: Robert Laffont, 1994, p. 185.

mostra, de forma fulgurante, o que diferencia código, linguagem e fala. Essa estratégia permite, então, que algumas pessoas autistas se apropriem da linguagem. Como já apontamos, elas se revelam tagarelas. É a verborreia.

A verborreia: uma linguagem feita de signos

A linguagem serve para comunicar, para transmitir uma informação de um indivíduo a outro. Essa é uma de suas funções essenciais. Mas a linguagem do ser falante, em comparação com a linguagem animal, possui certas particularidades. Retomemos o exemplo proposto por Lacan em "Função e campo da fala e da linguagem em psicanálise": as abelhas utilizam a frequência da batida de suas asas e o seu trajeto como meio de comunicação. Lacan afirma, então, que não se trata de um linguagem propriamente dita por conta da "correlação fixa entre os seus signos e a realidade que eles significam"[63]. Uma frequência de batida de asas corresponde a uma informação. Porém, "numa linguagem, os signos adquirem valor por sua relação uns com os outros, tanto na partilha lexical dos semantemas quanto no uso posicional, ou mesmo flexional, dos morfemas, contrastando com a fixidez da codificação aqui colocada em jogo"[64]. A partir disso, seguindo Lacan, podemos dizer que a linguagem humana é feita não de signos, mas de significantes: se o signo é o que representa

---

[63]LACAN, J. (1953) Função e campo da fala e da linguagem em psicanálise. In: *Escritos*. Trad. V. Ribeiro. Rio de Janeiro: Zahar, 1998, p. 298; trad. modificada.
[64]*Ibid*.

112 ■ AUTISMO E MEDIAÇÃO

alguma coisa para alguém, o significante representa o sujeito para um outro significante. Isto é, uma palavra remete sempre a uma outra palavra. A sua significação depende do contexto. O sujeito aparece no intervalo entre dois significantes, então, e o seu peso real dará a essa cadeia um quê singular conforme o seu engajamento, isto é, a forma como a dimensão da voz, fazendo ressoar o timbre, tiver sido mobilizada. Para evitar convocar o peso do sujeito, a pessoa autista tenta reduzir a linguagem a um código informativo. Trata-se então de uma linguagem objetiva na qual as palavras têm um, e somente um, valor. Para tanto, elas não devem se articular a uma cadeia significante. O caso de uma jovem adolescente recebida após uma hospitalização ensina muito a esse respeito. Jade está na sexta série. Seu professor de desenho passa aos alunos da classe como tarefa a execução de um esboço. À noite, em casa, Jade não consegue captar o que tem de fazer. A mãe tenta ajudá-la perguntando: "Você quer fazer o esboço do quê?". Jade então entra em crise: "Tenho que desenhar um esboço, só isso". O fato de que o termo *esboço* remete a outro significante e não se basta mergulha a garota num estado catatônico que irá levá-la a ser hospitalizada. Trata-se aqui de um exemplo paradigmático do tratamento das palavras efetuado pela pessoa autista. Ela constrói o seu mundo a partir de um "Outro de síntese" constituído de "palavras absolutas", palavras-signos. Jean-Claude Maleval frisa: "a entrada deles na linguagem se faz por assimilação de signos"[65]. Henri Rey-Flaud, de sua parte, falará do "caráter

---

[65]MALEVAL, J.-C. (2009) *O autista e a sua voz*. Trad. P. S. de Souza Jr. São Paulo: Blucher, 2017, p. 111.

A VOZ COMO OBJETO E AS ESTRATÉGIAS DE ANULAÇÃO DO TIMBRE ▬ 113

coisificado da linguagem"[66] nas pessoas autistas: a construção de um dito unívoco.

Assim, uma pessoa autista pode, por exemplo, aprender as cores a partir do comprimento de onda, que consiste num valor absoluto. Em contrapartida, pode lhe ser bastante difícil utilizar adjetivos de nuance para qualificar uma cor: verde--cáqui, verde-claro, verde-esmeralda... Aí não são palavras "absolutas", mas qualificativos relativos e comparativos. É isso que Henri Rey-Flaud chama de "linguagem coisificada". Os autistas mantêm uma relação de univocidade com a linguagem: "eles recortam o mundo em significados coisificados nos quais colocam uma etiqueta fixa, produzindo assim uma linguagem analógica, criadora de uma realidade ela própria analógica, garantia da perenidade do seu ser"[67]. A linguagem autística pode, então, ser lida como uma codificação que não coloca em jogo a lógica da cadeia significante, correlata ao surgimento do sujeito.

Enquanto se supõe que a palavra seja a morte da Coisa, as pessoas autistas nos desvelam a possibilidade de que uma palavra seja uma coisa. Reconhecemos aqui a busca por imutabilidade, tão importante para as pessoas autistas. É justamente o que testemunha o gosto pronunciado que elas têm pelos procedimentos e rituais. Cada palavra é um S_1 que basta a si mesmo. O conjunto desses S_1 constitui um dicionário particular, no qual o sentido de cada palavra é unívoco.

---

[66]REY-FLAUD, H. *L'enfant qui s'est arrêté au seuil du langage: comprendre l'autisme*. Paris: Flammarion, 2008, p. 152.
[67]REY-FLAUD, H. *Les enfants de l'indicible peur: nouveau regard sur l'autisme*. Paris: Aubier, 2010, p. 357.

Essa relação com a linguagem, se ela é implacável, pode acarretar grandes dificuldades no cotidiano de uma pessoa autista. Num breve vídeo intitulado "Por que, para alguns autistas, a alimentação é uma peleja"[68], Joseph Schovanec explica como as pessoas autistas — sendo ele próprio autista — podem encontrar grandes dificuldes para se alimentar. Para tanto, toma o exemplo de um célebre doce, o *macaron*. Ele afirma: "o *macaron*, com dois a, é uma farsa". Joseph Schovanec propõe então uma explicação bem clara para essa asserção. Num *macaron* de limão, apenas o meio tem aroma de limão, não as bolachas. Isso constitui uma "dificuldade considerável" para quem é sensível "tanto no plano gustativo quanto a mentiras". O filósofo vem atar aqui, de forma muito precisa, o objeto oral e a linguagem. O significante, não dizendo tudo da coisa, reduz o *macaron* a uma mentira. Nessa lógica, comer pode se tornar impossível, o que era o caso para Joseph Schovanec.

Quando Lacan interpela os analistas — "Que vocês tenham dificuldade de ouvir [...] não impede que"[69] —, ele coloca ao encargo deles a responsabilidade de encontrar o canal que permitiria ouvi-los. Dizer que uma pessoa autista é verborrágica frisa o seu uso particular da fala. O desafio é encontrar, *naquilo que se ouve*, a lógica do *que se diz*.

A anulação do timbre e a redução, na linguagem, do significante ao signo constituem uma estratégia que permite que

---

[68]SCHOVANEC, J. Pourquoi, pour certains autistes, se nourrir est un combat. Vídeo disponível na *https://www.youtube.com/watch?v=GSvTFIho5D8*. Acessado em 10 de fevereiro de 2021.
[69]LACAN, J. (1975) Conférence à Genève sur "Le symptôme" In: *La cause du désir*, n. 95, abril de 2017, p. 17.

a pessoa autista possa se expressar. Compreendemos, com isso, o interesse, tão frequentemente referido na literatura, que o autista manifesta pelas vozes que emanam de uma programação informática (robô, computador, tablet...), que propomos considerar como fixadores de timbres.

Fixadores de timbres: a voz mecânica e a voz gravada

A voz mecânica: um apanha-timbre

Toda pessoa que se relaciona com crianças autistas já pôde observar a atração que elas têm por vozes que passam por um tratamento mecânico: computador, tablet, robô... Tomemos a situação exposta por uma colega: Vanessa Pilas[70]. Ela se serviu de um robozinho humanoide para entrar em comunicação com um criança autista de 11 anos de idade que, na maior parte do tempo, recusava contato visual e vocal[71]. Se esse robô tem como primeira vocação propor exercícios pedagógicos, a clínica interessou-se rapidamente por uma dimensão "secundária" do dispositivo: o robô fala! Ou talvez devêssemos dizer: ele comunica. Ela se apercebeu muito rapidamente do fato de que o jovem paciente que ela estava atendendo podia dialogar com o robô. Então fez

---

[70]ORRADO, I., PILAS, V. e VIVES, J.-M. De l'impossible cession de l'objet voix au possible investissement d'une voix: la passe résonante de l'autiste. In: *Revista Latino-americana de Psicopatologia Fundamental*, vol. 20, n. 3, São Paulo, Brasil, 2017, p. 16-31.
[71]A criança endereça repetidas vezes à jovem clínica um "não olha pra mim" e "cala a boca", deixando pouca dúvida a respeito da sua dificuldade de enfrentar os objetos voz e olhar.

116 ■ AUTISMO E MEDIAÇÃO

com que o robô veiculasse a sua fala. A criança aceita, nessa situação, responder e interagir com o robô, ao passo que essa interação era impossível diretamente com a clínica. Um atendimento terapêutico até então difícil, ou mesmo não vislumbrável, tornou-se então possível. Mas o que permite à criança autista, dessa vez, poder se ater a uma voz mecânica, ao passo que colocar em jogo a voz no ato de fala lhe é tão doloroso?

O interesse das crianças autistas pelas vozes mecânicas demonstra, de novo, a necessidade que elas têm de apagar o "peso do sujeito". A vocalidade artificial do robô aparece como um artefato, um lugar de ricochete, permitindo que se capture o timbre. Com efeito, a voz mecânica é uma voz inteiramente criada, sem sujeito. Nesse caso, a dimensão da voz como objeto, assim como os matizes conferidos a uma palavra pela sua oralização, são inexistentes.

Propomos, então, a expressão *apanha-timbre* para qualificar a voz mecânica, em relação com as elaborações de Lacan concernindo ao quadro, que ele pôde qualificar como armadilha de olhar. No seminário "Os quatro conceitos fundamentais da psicanálise"[72], Lacan indica, como consequência da esquize do olho e do olhar, que o jogo da pintura só pode ser, em certa medida, um jogo de *trompe-l'œil*, e visaria apanhar o olhar[73]. No campo sonoro, nós mostramos, a partir da

---

[72]LACAN, J. (1964) *O seminário, livro 11: os quatro conceitos fundamentais da psicanálise.* Trad. M. D. Magno. Rio de Janeiro: Zahar, 1988, p. 100, aula de 9 de janeiro de 1963.
[73]Abordamos essa questão neste nosso artigo: VIVES, J.-M. L'art de la psychanalyse: métapsychologie de la création et créations métapsychologiques. In: *Psychisme et création.* Paris: l'Esprit du temps, 2004, p. 43-65.

A VOZ COMO OBJETO E AS ESTRATÉGIAS DE ANULAÇÃO DO TIMBRE ▪ 117

análise do mito dos Argonautas e do encontro destes com as sereias[74], que a música podia funcionar como uma armadilha de voz. Voltaremos a isso em seguida. Propomos, aqui, conceber a voz mecânica como um apanha-timbre. A meta aqui não seria apanhar a voz na música para gozar dela (como pode fazer o neurótico) ou mantê-la à distância (como pode fazer o psicótico), mas apanhar a manifestação do sujeito, e a sua articulação ao corpo que existe através do timbre, num enunciado que faria desaparecer, o máximo possível, essa pontinha saliente de manifestação subjetiva. Articular armadilha e timbre com um mero hifenzinho, *apanha-timbre*, é uma forma de explanar a imediatez da operação: não armadilha de timbre — como poderia ser a ópera para o liricômano[75] —, mas apanha-timbre.

Esse apanha-timbre cria uma voz sem sujeito. Com efeito, a máquina bem possui um timbre, mas ele não tem surpresa, porque é antecipável: os ruídos parasitas não controláveis (transientes de ataque, fim do som) que caracterizam o timbre "natural", e que caracterizamos como manifestações do peso do sujeito, desaparecem na voz mecânica. Dois robôs construídos pelo mesmo projetista poderão apresentar timbres idênticos. Também podemos afirmar que o som não é pronunciado, mas emitido; e, ainda por cima, sempre da

---

[74]VIVES, J.-M. (2012) O silêncio das sereias: uma interpretação kafkiana da voz como objeto pulsional. In: *A voz no divã: uma leitura psicanalítica sobre ópera, música sacra e eletrônica*. Trad. M. Sagayama. São Paulo: Aller, 2020, p. 172-180.
[75]Cf. POIZAT, M. *L'opéra ou le cri de l'ange: essai sur la jouissance de l'amateur d'Opéra*. Paris: Métailié, 1986. Cf. também: VIVES, J.-M. (2012) *A voz no divã: uma leitura psicanalítica sobre ópera, música sacra e eletrônica*. Trad. M. Sagayama. São Paulo: Aller, 2020.

mesma forma. O timbre — no sentido que lhe atribuímos, de ser o lugar de existência possível da manifestação do sujeito na voz — é aí reduzido a nada, então.

O estudo do investimento das crianças autistas em objetos que veiculam a voz — tais como a televisão, ou ainda o rádio — vai nos permitir dar um passo suplementar.

A voz mecânica: uma voz gravada, deslocalizada e controlável

Já não se trata aí de voz mecânica, mas de vocalidades artificiais. Por vocalidade artificial[76] entendemos todo material sonoro vocal, gravado, fixado em suporte e, depois, reproduzido. Isto é, a voz da cantora no CD ou as dos personagens de um desenho animado. Ela é sempre deslocalizada. Com efeito, a particularidade da voz, quando ela é tratada pela máquina — e, portanto, torna-se vocalidade artificial —, é ser produzida sem fazer uso desta caixa de ressonância que é a caixa torácica, nem das cordas vocais. Aqui, o ressoador privilegiado já não é o corpo. A voz é então ouvida como destacada deste e do seu aparelho fonador. Hoje somos confrontados quase que constantemente com a vocalidade artificial. Nesse caso, a voz pode ou não ter sofrido modificações ou distorções — destinadas, por exemplo, a produzir um efeito estético. Ainda que o timbre persista nessas vozes artificiais, ele fica condensado fora do corpo, o que atenua o seu

---

[76]Esses elementos apoiam-se nos trabalhos de Bruno Bossis. Cf. BOSSIS, B. *La voix et la machine: la vocalité artificielle dans la musique contemporaine.* Rennes: Presses Universitaires de Rennes, 2005.

A VOZ COMO OBJETO E AS ESTRATÉGIAS DE ANULAÇÃO DO TIMBRE **119**

impacto. Para o neurótico, há aí uma perda que vai impeli-lo a procurar — e, às vezes, encontrar — um eco, um rastro desse timbre que ainda pode fazê-lo vibrar[77]. Na escuta das vozes artificiais, o desafio para o autista não é encontrar o rastro do que foi perdido, mas operar uma repressão artificial daquilo que está em demasia.

A escuta de uma voz gravada é menos perigosa que uma voz emitida ao vivo, em corpo. Por quê? Por um lado, a escuta é tornada suportável, visto que ela deixa o seu corpo a salvo das vibrações não controláveis que a escuta da voz sonora *in vivo* implica. E por outro, essa voz artificial torna-se controlável pela possibilidade de uma escuta repetida, o que as crianças autistas, como sabemos, apreciam particularmente. No caso dessas vozes gravadas, o matiz das palavras permanece, mas é sempre o mesmo. É por isso que falar ao telefone já não é simples para o autista, pois mesmo se a voz é digitalizada, ela permanece incontrolável. Mais especificamente, as pessoas autistas privilegiam as gravações que lhes permitem reproduzir uma mesma sequência continuamente. Reconhecemos aí, é claro, a lógica da iteração.

Mas essa possível repetição não parece indispensável. A pessoa autista bem poderá, igualmente, pôr seu ouvido à escuta de transmissões de rádio ao vivo. Embora a voz mecanizada seja uma voz fixada fora do corpo, devemos acrescentar que ela é *não endereçada à pessoa que a escuta*. Com isso,

---

[77]Testemunha disso eram os liricômanos que, há alguns anos, ainda podiam colocar para circular fitas cassetes (não muito distante de um Harpagon) em que se encontravam gravações-pirata, feitas ao vivo, de apresentações de ópera; gravações nas quais a voz dos cantores dificilmente é reconhecível por um ouvinte comum.

essa vocalidade que está no ambiente atinge o corpo de uma forma totalmente particular: ela permite ter a experiência do sentido à distância. A pessoa autista, escutando uma transmissão de rádio, poderá adquirir conhecimentos sobre o tema abordado, pois as informações não lhe são endereçadas diretamente e não a implicam enquanto sujeito. Ela não é tocada por essa voz que não se endereça a ela. Isso testemunha a posição da criança autista que não aprende necessariamente enquanto agente de uma cena, mas sim a partir de uma posição de observador, extracampo — ali onde, a salvo do Outro, ela pode se interessar pelo que se diz sem ser intimada por um dizer.

Agora iremos ver como essa questão do endereçamento pode ser tratada a partir de uma melodização da linguagem, a respeito da qual formulamos a hipótese de que funciona como um abafa-timbre.

CAPÍTULO 5

Abafamento do timbre: encontrar (-se) uma voz para falar

A voz cantarolada: uma sonorização sem endereçamento

Como vimos com Leo, a criança autista pode utilizar sua voz para produzir uma vocalização específica chamada de "melopeia".

Essa manifestação, que apela para uma voz "melodizada", pode ser pensada como constituição de uma capa sonora, abolindo o sujeito da enunciação: um abafamento do timbre pela sua estetização sonora.

Para introduzir essa parte, comecemos por considerar os laços do *infans* com a dimensão sonora da linguagem, que

122 ▮ AUTISMO E MEDIAÇÃO

abordaremos pelo viés de *lalíngua*, escrita numa só palavra, como propõe Lacan.

Lalíngua e seus efeitos

Antes mesmo do seu nascimento, a criança já está presa na linguagem, imersa em sua materialidade, que Lacan nomeia como lalíngua: "um som que produz ressonâncias semânticas no corpo, como fará lalíngua em suas mais singulares ressonâncias para cada ser falante, para além de sua significação e do sentido induzido pelas relações entre as suas significações"[1]. O termo "ressonância" indica claramente que *lalíngua* tange ao corpo.

Notemos, assim, a voz particular — frequentemente aguda e cantante — que as mães fazem quando se endereçam aos seus recém-nascidos. É o que Marie-Christine Laznik chama de "manhês" e que ela define como "a 'dialética'" de todas as mães do mundo quando estão falando com os seus bebês: a voz é empostada um tom acima e a entonação é exagerada"[2]. O manhês é uma exageração da prosódia na qual a fonética das palavras e a sua rítmica saem por cima. Seria assim um uso da linguagem que coloca em primeiro plano mais a sua dimensão sonora do que a significante. Jean-Claude Maleval assinala, então, que o manhês corresponde a um apagamento

---

[1] BASSOLS, M. *Corps de l'image et corps parlant.* Texto de orientação do X Congresso da AMP, disponível em *http://www.congressoamp2016.com/pagina. php?area=8&pagina=38&lang=en&lang=es&lang=fr.* Acessado em 10 de fevereiro de 2021.
[2] LAZNIK, M.-C. La prosodie avec les bébés à risque d'autisme: clinique et recherche. In: TOUATI, B., JOLY, F. e LAZNIK, M.-C. (org.) *Langage, voix et parole dans l'autisme.* Paris: Presses Universitaires de France, 2007, p. 199.

ABAFAMENTO DO TIMBRE: ENCONTRAR (-SE) UMA VOZ PARA FALAR **123**

da voz do locutor[3] enquanto objeto *a*, o que introduz uma distinção entre enunciação e entonações. De um lado, o sujeito da enunciação é apagado; do outro, a entonação mobiliza diferentes formas sonoras da voz. A criança é particularmente apegada a essa dimensão. As canções de ninar, utilizadas desde a aurora dos tempos, são disso testemunha. Aliás, os produtores de desenhos animados ou aqueles que fazem publicidade para crianças identificaram bem esse tropismo, servindo-se dele para captar a atenção delas. A atração pelas cantigas indica justamente que a criança se abre para a linguagem a partir da sua forma sonora. Uma idade da *rassom*[4] precede a idade da razão.

É a partir dessa dimensão que a criança se apropria da linguagem. Ela vai utilizar esses jogos de sonoridade para o prazer, como testemunha o uso do balbucio, primeira produção sonora que o bebê efetua a partir dos primeiros meses de vida: "O balbucio — *lalação*, diz Lacan — [...] testemunha uma conjunção do som e da satisfação, anterior à aquisição de qualquer sintaxe ou semântica linguísticas"[5]. Embora ainda não possa falar, o bebê consegue emitir sons cantantes ritmados e brincar com a boca como se ela fosse um instrumento musical.

---

[3]MALEVAL, J.-C. (2009) *O autista e a sua voz*. Trad. P. S. de Souza Jr. São Paulo: Blucher, 2017, p. 287-288.
[4]Fazemos referência aqui à *rassom* [*réson*] tal como desenvolvida por Francis Ponge e referida por Lacan como dimensão material da linguagem. Cf. PONGE, F. (1951-1957) Pour un Malherbe. In: Œuvres complètes, vol. 2. Paris: Gallimard, 2002, p. 140. Cf. também: LACAN, J. (1972) *Estou falando com as paredes*. Trad. V. Ribeiro. São Paulo: Zahar, 2011, p. 85.
[5]SOLER, C. *Les affects lacaniens*. Paris: Presses Universitaires de France, 2011, p. 110.

124 ▓▓ Autismo e mediação

Essa iniciação à linguagem não se faz na solidão. Ela implica a criança e o seu Outro primordial — na maioria das vezes, a mãe — num movimento de harmonização, verdadeira "musicalização das interações precoces implicando uma rítmica específica, jogos de respostas e ecos, e uma atenção muito particular à melodia característica dos enunciados maternos"[6]. Nesse sentido, lalíngua não é um aquém arcaico da linguagem. Ela é a sua musicalidade, isso sim. Engodada por lalíngua, a criança se apropria do balbucio e se vê fisgada pela linguagem[7]. O sujeito é atrelado ao Outro. Em seguida, lalíngua será esquecida para dar lugar à dimensão significante da linguagem e se abrir para a idade da razão, ainda que vá restar um rastro de gozo dessa lalíngua.

Com os aprendizados desmaterializantes da linguagem ortográfica correta, ela [lalíngua] será esquecida, mas os seus rastros não tardam a constituir o núcleo mais real — extrassenso — do inconsciente. Para cada um, o peso das palavras permanecerá, então, ancorado na erotização conjunta do corpo e dos sons desse momento de entrada no banho de linguagem, e eles não terão para todos o mesmo alcance, não somente de sentido, mas de satisfação.[8]

---

[6]VIVES, J.-M. Sobre a improvisação materna. In: *Variações psicanalíticas sobre a voz e a pulsão invocante*. Trad. V. Ribeiro. Rio de Janeiro: Contra Capa, 2018, p. 36.
[7]*Ibid.*, p. 32.
[8]SOLER, C. *Les affects lacaniens*. Paris: Presses Universitaires de France, 2011, p. 110.

Encontramos rastros dessa alienação no prazer experimentado em tagarelar. O Homem ama *falar por falar*, como diz a expressão; ou seja, falar "como pura perda"[9]. Para além do que se diz, a linguagem anima o corpo, uma vez que o significante é "a causa do gozo"[10]: quando o homem fala, o seu dito se matiza a partir de um dizer no qual se faz ouvir um "sotaque de singularidade"[11]. Esse matiz corresponde ao gozo que a linguagem transporta com ela e caracteriza o falasser enquanto ser impactado e afetado pela linguagem.

A pessoa autista, como vimos, tenta negativar esses *sotaques de singularidade*. Entretanto, a presença da melopeia na sua infância prova que é possível um enganche no sonoro. Como a melopeia se distingue do balbucio e o que a impulsiona?

A melopeia: uma capa para o timbre

A melopeia denota o uso que o autista faz de sua voz para produzir uma melodia ou cantarolar sem que nenhuma fala seja distinguível. Na Antiguidade, a melopeia era uma declamação notada com acompanhamento musical[12]. O *Littré* nos indica: "Arte de fazer, com palavras de prosa elevada ou poesia, uma frase de música, ou melhor, uma frase de

---

[9]LACAN, J. (1972-1973) *O seminário, livro 20: mais, ainda*. Trad. M. D. Magno. Rio de Janeiro: Zahar, 1985, p. 116, aula de 13 de março de 1973; trad. modificada.

[10]*Ibid.*, p. 36.

[11]LACAN, J. (1946) Formulações sobre a causalidade psíquica. In: *Escritos*. Trad. V. Ribeiro. Rio de Janeiro: Zahar, 1998, p. 168; trad. modificada.

[12]Centre National de Ressources Textuelles et Lexicales, portal lexicográfico online.

recitativo"[13]. Tratava-se de fazer a fala passar para o segundo plano a fim de que seja ouvida a sua dimensão musical. Um fraseado musical — poderíamos dizer, na esteira de Peter Szendy — do qual "se isolam e destacam palavras"[14]. O autor retoma então as palavras de Henri Michaux:

> Revoadas / Frases sem as palavras*, sem os sons, sem o sentido...
> * Que restaria então? As subidas e descidas da voz (sem voz) ou da expressão (mas sem expressão), como quando se vai do agudo ao grave, do afirmativo ao interrogativo etc. Frases abstraídas de tudo, menos disso.[15]

A melopeia seria, então, uma sonorização da voz — e não a sua oralização — passando por um processo de "melodização". Mas no que ela se distingue, então, do balbucio? A melopeia é contínua, ela não possui as arestas e escansões que se ouvem no balbucio. Assim, ao contrário da verborreia — em que se tratava de ficar à escuta, no que se diz, daquilo que se ouve —, a melopeia convida o clínico a encontrar, naquilo que se ouve, o que se diz. Retomemos o caso de Leo. Em sessão, se embarcamos numa escuta flutuante, podemos isolar algumas palavras na melopeia que acompanha os movimentos estereotipados que ele impingia ao trenzinho: "trem", "mamãe"... Utilizando-se de uma voz aguda,

---

[13]*Le nouveau Littré*. Paris: Éditions Garnier, 2005, p. 1031.
[14]SZENDY, P. À coups de points: la ponctuation comme expérience. Paris: Les Éditions de Minuit, 2013, p. 59.
[15]MICHAUX, H. citado por SZENDY, P. À coups de points: la ponctuation comme expérience. Paris: Les Éditions de Minuit, 2013, p. 59.

ABAFAMENTO DO TIMBRE: ENCONTRAR (-SE) UMA VOZ PARA FALAR **127**

justamente qualificada como "voz de cabeça", Leo curto-
-circuita a ressonância que poderia mobilizar o seu corpo.
A vocalização produzida por Leo cria um universo sonoro
contínuo que vai envolvê-lo, dando-lhe assim uma sensação
de completude. Também podemos afirmar que, se o balbucio — que já coloca em jogo o timbre — faz a criança ressoar,
a melopeia vem niná-la. O comportamento de certas crianças autistas, que podem colar o corpo num alto-falante para
experimentar o som, pode encontrar aqui uma nova leitura: o
corpo do autista estaria menos entrando em ressonância —
como no caso do raveiro em festas eletrônicas[16] — do que,
propriamente, sendo massageado pelo som, o que talvez lhe
permita experimentar os limites do corpo. Se o corpo massageado pela potência do som é aceito pelo autista, o corpo
entrando em ressonância a partir do timbre, por sua vez, é
insuportável para ele. Iremos ainda mais longe: a melodização operada pela pessoa autista não tem só uma função de
canção de ninar, ela é uma verdadeira estratégia — uma capa
sonora que abafa o timbre. As pessoas autistas tentam assim
sonorizar a voz e abafar a brasa oculta na fala. Estamos aqui
na presença de um procedimento que visa não mais anular o
timbre — como era anteriormente o caso com a voz destimbrada —, mas abafá-lo.

A melopeia deve ser tomada como um elemento clínico
importante. Como o caso de Leo nos mostrou, ela constituiu
para ele um primeiro enganche na linguagem, assim como
as recitações e canções aprendidas na escola. Marie Christine

---

[16]VIVES, J.-M. (2012) *A voz no divã: uma leitura psicanalítica sobre ópera, música sacra e eletrônica*. Trad. M. Sagayama. São Paulo: Aller, 2020, p. 196-209.

Laznik frisa, aliás, uma correlação: as crianças autistas que conseguem produzir uma melopeia entram mais facilmente na linguagem[17]. *A melopeia é para o autismo aquilo que o balbucio é para a neurose.* Abafando a dimensão do timbre, ela abre uma via/voz possível para a pessoa autista.

A ecolalia: um dizer autístico

Uma fala sem endereçamento

A ecolalia é uma das formas mais frequentes de produção verbal das crianças autistas. Ela deve ser levada muitíssimo a sério. De fato, com as suas produções ecolálicas a criança autista mostra claramente que não é indiferente às palavras do Outro. Muito pelo contrário, podemos afirmar que é demasiadamente sensível a elas[18].

A ecolalia é considerada pelos psicólogos do desenvolvimento uma etapa importante na aprendizagem da língua. A repetição de palavras é parte integrante no processo de domínio da linguagem, antes mesmo de ser possível utilizá-la em sua dimensão comunicativa[19] — uma aprendizagem pela repetição, como já identificamos no primeiro capítulo. São definidas três etapas cronológicas: ecolalia imediata; ecolalia

---

[17]LAZNIK, M.-C. La prosodie avec les bébés à risque d'autisme: clinique et recherche. In: TOUATI, B., JOLY, F. e LAZNIK, M.-C. (org.) *Langage, voix et parole dans l'autisme.* Paris: Presses Universitaires de France, 2007, p. 181-215.
[18]Como a sua tendência a fugir do olhar também testemunha, o olhar do Outro não é transparente — já que o autista, evitando-o, dele se protege.
[19]PRIZANT, B. M. e RYDELL, P. J. Analysis of functions of delayed echolalia in autistic children. In: *Journal of Speech and Hearing Research*, vol. 27, 1984, p. 183-192.

A BAFAMENTO DO TIMBRE: ENCONTRAR (-SE) UMA VOZ PARA FALAR ■■ 129

diferida; linguagem espontânea. Todavia, o uso da ecolalia feito pela criança autista e a sua aquisição da linguagem desmantelam essa modelização do desenvolvimento em três tempos. As pessoas autistas nos provam que a linguagem não se aprende, mas se incorpora. Estudemos, então, a ecolalia não como etapa do desenvolvimento, mas como momento lógico da incorporação da linguagem — cujas engrenagens o autista, pela sua dificuldade, nos desvela.

Partamos do eco. O som é uma onda produzida pela vibração mecânica de um meio que permite a sua propagação. O fenômeno do eco evidencia uma maneira particular de a onda sonora percutir um material: trata-se da "repetição mais ou menos distinta de um som chocando-se contra um corpo que o reflete"[20].

Desde 1673, Kircher, cientista do período barroco, "percebe o eco como uma imagem devolvida por um espelho"[21]:

> Em todas as épocas comparou-se a luz e o som; [...] Kircher, sem cerimônia, chama o som de "macaqueador da luz", & aventa audaciosamente, não sem ter pensado bem a respeito, que tudo o que se faz sensível aos olhos pode se fazer sensível aos ouvidos, & reciprocamente, que tudo o que é objeto da audição pode se tornar objeto da visão.[22]

---

[20]*Le nouveau Littré.* Paris: Éditions Garnier, 2005.
[21]Citado por SOUCHÈRE, M.-C. Les origines de l'écho. In: *La Recherche*, n. 474, abril de 2013, p. 92.
[22]*Clavessin pour les yeux.* In: *Esprits, saillies et singularités du père Castel*, peças escolhidas e reunidas pelo abade Joseph de La Porte, 1763, p. 280. Citado por SZENDY, P. *Membres fantômes: des corps musiciens.* Paris: Les Éditions de Minuit, 2002, p. 93. O autor continua a citação: "Ele observa 1º que o som espalha-se por todo lado, como a luz, em linhas retas; 2º que, no encontro de

O eco é, portanto, uma imagem do som que possui uma dinâmica energética própria, dividindo em três a intensidade da onda:

- Uma parte é refletida;
- Uma outra parte é transmitida através do material;
- Uma última parte é absorvida pela parede.

A parte refletida corresponde ao que se ouve do eco. Ela é a sua dimensão sonora. Sigamos essa via e tornemos visível aquilo que a ecolalia nos faz ouvir.

A lógica ecolálica

Nas suas primeiras sessões, quando ele acompanha os seus gestos com uma melopeia, é em ecolalia que Leo responde a algumas das nossas solicitações. As frases são repetidas identicamente, sem inversão dos nomes e pronomes e utilizando-se da mesma entonação — numa tessitura mais aguda, no entanto. Assim, diante de uma pessoa que o cumprimenta com "Bom dia, Leo!", ele responde: "Bom dia, Leo!". Esse garotinho parece, aqui, em posição de gravador-transmissor. A ecolalia devolve, para o outro, um instantâneo de seu próprio enunciado acompanhado da sua própria enunciação: "Poderíamos dizer que o seu discurso não lhe

---

corpos impenetráveis, ele se reflete, & se reflete 3º em ângulos iguais, como a luz; 4º que, se os corpos são penetráveis, ele os penetra, sofrendo, como a luz, uma refração que o desvia um pouco de seu caminho [...] 5º a luz, ao encontrar um corpo côncavo, reflete-se em um ponto onde a sua reunião forma um foco ardente: o som, no encontro de corpos côncavos, reflete-se em um ponto onde a sua reunião também forma um foco ressonante, isto é, um eco [...]".

ABAFAMENTO DO TIMBRE: ENCONTRAR (-SE) UMA VOZ PARA FALAR ▮ 131

vem do Outro em sua forma invertida, mas diretamente [...] a sua alienação ao discurso do Outro é patente"[23]. Contrariamente ao neurótico, para quem as pulsões organizam-se a partir do eco de um dizer no corpo[24], a criança autista, sem ter cedido o objeto voz, devolve ao Outro a sua mensagem quase que identicamente. Ela terá simplesmente ricocheteado na parede do corpo autista. Daniel Roy formula: "O sujeito autista defende-se desse eco — que é perda de gozo — e instaura, assim, um regime 'de ecolalia generalizada', em que se reitera *ad infinitum* o impacto do dizer, do olhar, dos objetos oral e anal no corpo"[25]. Se o neurótico não para de se confrontar com o muro da linguagem, poderíamos dizer que o autista opõe à linguagem um muro.

A ecolalia demonstra que a pessoa autista apresenta ao Outro um corpo fechado e duro. Por meio desse procedimento, ele localiza numa borda o gozo induzido pelo impacto das palavras. A ecolalia encurrala o gozo na parede do corpo que constitui borda. Podemos ver aí, por analogia, a transformação de palavras como ondas de volumes, que se propagam no espaço, em ondas de superfície, que são "ondas rastejantes que se propagam no limite das paredes"[26]. Assim, a parte transmitida (aquela que passa para além da parede) seria reduzida a *quase nada*, permitindo que o corpo se proteja da efração causada pelas palavras. Aqui, nenhum

---

[23]LAZNIK, M.-C. *Vers la parole*. Paris: Denoël, 1995, p. 34.
[24]Cf. LACAN, J. (1975-1976) *O seminário, livro 23: o sinthoma*. Trad. S. Laia. Rio de Janeiro: Zahar, 2007, p. 18, aula de 18 de novembro de 1975.
[25]REY-FLAUD, H. *Les enfants de l'indicible peur: nouveau regard sur l'autisme*. Paris: Aubier, 2010, p. 25.
[26]SOUCHÈRE, M.-C. Les origines de l'écho. In: *La Recherche*, n. 474, abril de 2013, p. 92.

132 ■■ AUTISMO E MEDIAÇÃO

eco no corpo, mas *sobre* o corpo. A palilalia — que corresponde à repetição, muitas vezes seguidas, de uma palavra ou de um fragmento de frase — assume a mesma lógica da ecolalia, ainda que não envolva um interlocutor. As palavras em jogo são as do próprio sujeito.

Detenhamo-nos, ainda, sobre um detalhe clínico. Ecolalia e palilalia retomam os mesmos vocábulos, as mesmas frases, a mesma entonação, mas numa tessitura mais aguda, que confere às palavras um aspecto cantarolado. Reconhecemos aqui a criação de uma capa sonora, que a pessoa autista lança sobre o gozo empenhado no ato de fala para baixar o seu alcance. A ecolalia e a palilalia, assim como a melopeia, funcionariam como abafa-timbres. Verdadeira estratégia de desativação do desejo do Outro presente em seu dizer.

Na sua conferência em Genebra, Lacan afirma que o autista "ouve a si próprio". A ecolalia, a palilalia, a melopeia ou qualquer outra produção desse tipo, tal como acabamos de definir, são o testemunho disso. Isso permite apreender, diferenciando-as, as posições psicótica e neurótica: o psicótico ouve vozes vindo do Outro, o que indica claramente que o objeto voz não pôde ser simbolizado e retorna no real; o neurótico se ouve falando a partir do lugar do Outro; já o autista, separado do Outro, "ouve a si próprio". Compreendemos, então, que todo o desafio para a pessoa autista será o de encontrar para si uma voz para poder falar.

Criar uma capa sonora para fazer com que uma voz exista

Retomemos o caso de Owen e a sua *juicervoice*. Essa produção sonora, sem possuir escansão, tornava incompreensível o que se estava dizendo. A interpretação visando escandir *juicervoice* em *just your voice* permitiu um contato entre Owen e a sua mãe, mas não foi uma solução para o garotinho. Foi preciso que ele se dedicasse a um trabalho de bricolagem, apoiando-se em sua família, para chegar a falar.

O que essa experiência nos ensina a respeito do que está em jogo no objeto voz? Owen, depois dos três anos, mergulhou num mutismo. Só conseguiu voltar a falar anos mais tarde, apoiando-se na voz sonorizada dos personagens dos seus desenhos animados preferidos. O primeiro momento de troca entre Owen e seu pai é paradigmático disso. Quando Owen está com seis anos e meio, os pais se perguntam como conseguiriam chegar até o filho, que parece irremediavelmente apartado do mundo. O pai de Owen, Ron Suskind, vai tentar então uma abordagem. Ele entra no quarto de Owen, que está sentado na cama, pega um fantoche de Iago — o papagaio de *Aladdin*, "dublado por Gilbert Gottfried, que soa como um mixer quebrado"[27] —, esconde-se debaixo da colcha e decide se colocar na pele de Iago. Ele conta:

> Faço o fantoche sair pela beirada da colcha.
> "Então, Owen, como vão as coisas?", pergunto, na minha melhor imitação de Gilbert Gottfried. "Quer dizer, como é ser você?"
> Pela beirada da colcha, vejo que ele se vira para Iago. É como se tivesse encontrado um velho amigo.
> "Não estou feliz. Não tenho amigos. Não entendo o que as pessoas dizem".

---

[27]SUSKIND, R. (2014) *Vida animada: uma história sobre autismo, heróis e amizade.* Trad. A. Ban. Rio de Janeiro: Objetiva, 2017, p. 63.

134 ■ AUTISMO E MEDIAÇÃO

Eu não ouvia sua voz, natural e fácil, com o ritmo do discurso comum, desde que ele tinha dois anos. Estou conversando com meu filho pela primeira vez em cinco anos. Ou Iago está.[28]

O pai de Owen faz uma análise extremamente pertinente dos mecanismos pulsionais em jogo para o filho dele: se aos três anos de idade ele "sua compreensão de palavras faladas desabou, [...] parece que, enquanto assistia a cada filme de noventa minutos da Disney, vez após outra, estava colecionando e arquivando sons e ritmos em canais diversos"[29]. Ron Suskind consegue, então, cingir esta função da linguagem que escapa ao sentido: "A linguagem tem a sua própria música sutil; a maioria de nós, concentrados nas palavras e no sentido delas, não a ouve. Ele a ouve há anos — gravando a entonação e o ritmo de palavras de sentido impenetrável para ele"[30]. Trata-se, aqui, de uma ilustração clínica daquilo que Lacan já havia enunciado em 1956:

> o que acontece se vocês se atêm unicamente à articulação daquilo que estão ouvindo: ao sotaque; até mesmo às expressões dialetais? — ao que quer que seja que seja literal no registro do discurso do interlocutor de vocês. É preciso acrescentar aí um pouco de imaginação, pois talvez isso nunca possa ser levado ao extremo, mas é muito claro quando se trata de uma língua estrangeira: o que vocês compreendem num discurso é outra coisa que não o que está registrado

---

[28]*Ibid.*
[29]*Ibid.*, p. 66.
[30]*Ibid.*

ABAFAMENTO DO TIMBRE: ENCONTRAR (-SE) UMA VOZ PARA FALAR **135**

acusticamente. É ainda mais simples se pensamos no surdo-mudo, que é suscetível de receber um discurso através de sinais visuais feitos com os dedos, conforme o alfabeto surdo-mudo. Se o surdo-mudo fica fascinado com as lindas mãos do seu interlocutor, ele não registrará o discurso veiculado por essas mãos.[31]

Essa citação esclarece a posição autística: apegar-se à musicalidade da linguagem para poder suportar a sua sonorização. Após descobrir isso intuitivamente, Ron Suskind compreende que tem de encontrar uma voz para conseguir chegar até o filho. A utilização do Iago de pelúcia acerta na mosca: Owen não lhe responde em ecolalia; ele deixa a sua carapaça protetora cair e aceita a escuta dessas palavras. A deslocalização do lugar da enunciação — *quem está falando com ele é o Iago* — certamente protege Owen. Um ricochete é, mais uma vez, utilizado. Mas notemos outra coisa essencial em jogo na cena descrita: o uso da imitação feita pelo pai para se endereçar a Owen com a voz de Iago. A incrível proposta de Ron Suskind permitiu que Owen experimentasse o uso de uma voz que não oraliza as palavras — o que as transformaria em fala —, mas as sonoriza. Era o mesmo com Baptiste, que se apoiou nos fantoches para poder se expressar no grupo.

Amparada nessa experiência, a família vai implementar sessões de vídeo em que todos assistem a algo da Disney. Em

---

[31]LACAN, J. (1955-1956) *O seminário, livro 3: as psicoses*. Trad. A. Menezes. Rio de Janeiro: Zahar, 1985, p. 158, aula de 8 de fevereiro de 1956; trad. modificada.

136 ▪ AUTISMO E MEDIAÇÃO

seguida, acontecerá também de interpretarem uma cena distribuindo os papéis. A imitação das vozes dos personagens é central, obviamente, e permite que Owen ocupe um lugar de pleno direito na família.

Ron Suskind então observa — quando da imitação da voz de Jafar por Owen — que, embora tudo esteja ali, *o ligeiro sotaque britânico* e *o tom sinistro*, Owen utiliza uma "voz um pouco mais aguda"[32]. Essa observação é uma belíssima ilustração do que desenvolvemos com o uso da voz cantarolada, a palilalia, ou ainda a ecolalia. O uso do agudo acentua a musicalidade das palavras, estratégia de sonorização que abafa o timbre.

---

[32]SUSKIND, R. (2014) *Vida animada: uma história sobre autismo, heróis e amizade.* Trad. A. Ban. Rio de Janeiro: Objetiva, 2017, p. 64.

CAPÍTULO **6**

O autista e a música: um encontro frequentemente bem-sucedido

A música: um endereçamento sem intimação

O interesse das crianças autistas pela música e pelas canções foi identificado muito cedo, assim como as suas competências musicais. Por que o encontro entre a criança autista e a música parece possível quando o encontro com a fala é tão difícil que necessita estratégias, como mostramos? Neste capítulo, gostaríamos de tentar trazer um elemento de resposta para essa pergunta.

Os clínicos que atuam com pacientes autistas há tempos identificaram a apetência que estes têm pela música.

O neurologista Oliver Sacks relata em *Um antropólogo em Marte* os espantosos dons musicais do jovem Stephen e como ele parece "conhecer" a construção dos acordes sem nunca ter precisado aprender[1]. Ele ilustra assim, sem saber, esse enganchamento à dimensão estrutural e previsível da música: o ciclo matemático da construção dos acordes, nesse caso. Trata-se aí de um ponto de contato entre autismo e música: o código, que mostramos anteriormente como pode suscitar o interesse do autista.

Mas a música não é só código. Ela possui igualmente o extremo interesse de propor um dizer sem dito — o que Stravinsky teria resumido na sua seguinte frase: "A música não diz nada, mas ela diz bem". Quando escutamos música, somos confrontados com um discurso — fala-se justamente em discurso musical — sem significação. Há quem possa objetar, dizendo que existem músicas programáticas, em que a música "conta" uma história; mas acaso alguém já viu um ouvinte identificar "o pastor adormecido em meio ao suave murmúrio da folhagem e da relva, com o cão fiel a seus pés, no prado florido e terno" ao escutar o *largo* do concerto *A Primavera*, de Vivaldi? A música não conta uma história; ela, eventualmente, a ilustra. O neurótico pode, ocasionalmente, contar-se uma história ao escutá-la, mas não é isso que a pessoa autista ouve. A sua escuta musical abre-nos a uma outro dimensão. Inclusive, convém diferenciar aqui a recepção da música efetuada pelo neurótico, pelo psicótico e pelo autista.

---

[1]SACKS, O. (1995) *Um antropólogo em Marte*. Trad. B. Carvalho. São Paulo: Companhia das Letras, 1997, p. 242-251.

O AUTISTA E A MÚSICA: UM ENCONTRO FREQUENTEMENTE BEM-SUCEDIDO 139

O neurótico goza da música através da sua fantasia, o que lhe confere muito rapidamente uma tonalidade nostálgica. A música torna-se muito rapidamente, para ele, o eco de um objeto perdido[2]. Essa relação imaginária com a música foi particularmente abordada por alguns de nossos colegas pós-freudianos, que acreditaram poder ler aí uma possibilidade de reencontrar, por seu intermédio, o objeto primeiro, perdido — quando não passa de um longínquo eco abafado. Assim, Marie-France Castarède afirma, com um delicioso otimismo, que "em toda música, por mais sofisticada que ela seja, sempre há um ritornelo recomposto, um refrão esquecido, uma melodia ressurgida para traduzir em notas a gama matizada pelas nossas emoções e pelos nossos primeiros diálogos com o nosso círculo próximo"[3] e, dessa forma, a música "constitui o reencontro possível com o objeto de amor perdido"[4]. Essa compreensão do fato musical leva Marie-France Castarède a conceber a aula de canto como "uma tentativa [de] ressuscitar [essa primordial e inefável comunhão], pois é uma situação substitutiva da relação pré-linguística entre a criança e a mãe"[5]. Noutro momento, Marie-France Castarède nos apresenta igualmente uma face

---

[2]Basta ver como o(a) enamorado(a), caso seja rejeitado(a), pode invocar o objeto que o(a) abandonou por intermédio de uma canção ou de uma peça musical que escutaram juntos. Prazer e dor então se mesclam deliciosamente. O(A) rejeitado(a) reconhece estimar esse sofrimento vetorizado pela música, como mostram as lágrimas que o(a) tomam nos grandes momentos de emoção ligados à escuta de uma voz escolhida, que então se revela objeto metonímico da pessoa ausente.
[3]CASTARÈDE, M.-F. *Les vocalises de la passion*. Paris: Armand Colin, 2002, p. 132.
[4]*Ibid.*, p. 156.
[5]*Ibid.*, p. 103.

idealizada da voz no âmbito da prática coral: "O regente coral é [...] uma figura paterna que, longe de separar fantasticamente a criança da mãe, leva-a de volta a ela numa aliança feliz e colmatada"[6]. O coro seria, assim, uma espécie de família ideal, "precisamente porque os conflitos são evacuados: a diferença das gerações abole-se em um desejo de fusão com o objeto materno onipotente e a diferença sexual é negada em sua dimensão de castração simbólica"[7]. Não é preciso mais: estamos claramente aqui do lado de uma visão idealizada da voz e da música que leva a uma compreensão do fato musical como apaziguamento, o que está longe de ser somente o caso. A paixão do liricômano estudada por Michel Poizat[8] mostra isso suficientemente bem: a voz "adorada" é tanto fonte de prazer quanto de gozo. O amador não tem esta estranha experiência com a ópera[9], nos momentos mais intensos, de fechar os olhos para se fazer todo ouvidos e sentir as lágrimas escorrendo sem que possa explicar por quê. Dor e prazer subscrevem então a presença de um quê de gozo. A ópera — e, de modo mais geral, a música — constitui, para o neurótico, um espaço social onde o objeto voz

---

[6]CASTARÈDE, M.-F. Chant individuel et chant choral. In: *Revue française de musicothérapie*, vol. XXVIII/1, n. 1, publicado na internet em 26 de janeiro de 2010, disponível em *http://revel.unice.fr/rmusicotherapie/index.html?id=3075*. Acessado em 10 de fevereiro de 2021.
[7]CASTARÈDE, M.-F. L'enveloppe vocale. In: *Psychologie clinique e projective*, 2001/1, n. 7, p. 17-35. DOI: 10.3917/pcp.007.0017. Disponível em *https://www. cairn.info/revue-psychologie-clinique-et-projective-2001-1-page-17.htm*. Acessado em 10 de fevereiro de 2021.
[8]POIZAT, M. *L'opéra ou le cri de l'ange: essai sur la jouissance de l'amateur d'Opéra*. Paris: Métailié, 1986.
[9]Mesmo que dezenas de milhares de euros tenham sido engolfados pelo cenário, pelo figurino e pela encenação...

O AUTISTA E A MÚSICA: UM ENCONTRO FREQUENTEMENTE BEM-SUCEDIDO **141**

é, num só movimento, evocado e revogado para dela poder gozar. O canto é o que permite depor a voz como se depõem as armas, pacificá-la.

Para o psicótico, de igual maneira, a escuta da música pode constituir-se como armadilha de voz. O que Jacques--Alain Miller refere ao afirmar:

> Se falamos tanto, se fazemos os nossos colóquios, se tagarelamos, se cantamos e escutamos os cantores, se fazemos música e se a escutamos [...] é para fazer calar o que merece ser chamado de voz como objeto *a*.[10]

Nesse sentido, o psicótico encontraria na voz oriunda do rádio transistorizado ou do instrumento musical[11] um lugar--tenente para as suas.

Por sua vez, o autista teria uma experiência bem diferente das descritas acima. Nem evocação ou revogação do objeto perdido, nem defesa contra a invasão a partir de uma armadilha de voz: por intermédio da música, o autista teria a experiência, importante para ele, de poder ser endereçado sem ser intimado.

Essa é, sem dúvida, a grande diferença — pouco comentada — entre a música e a fala. Quando uma fala me é

---

[10]MILLER, J.-A. Lacan et la voix. In: *La voix, colloque d'Ivry*. Paris: La Lysimaque, 1988, p. 184.

[11]Essa função de lugar-tenente pode igualmente ser desempenhada pela voz de um interlocutor advertido. É impressionante constatar que as pessoas psicóticas alucinadas, quando uma transferência de trabalho é estabelecida, quase nunca se queixam de alucinações quando estão em sessão, como se a transferência pudesse ser aqui uma armadilha de voz. A mesma observação poderia ser feita no que se refere às alucinações visuais, colocando o parceiro-analista, dessa vez, como armadilha de olhar.

142 ■■■ AUTISMO E MEDIAÇÃO

endereçada, ela obrigatoriamente me intima, e a questão do desejo que a subjaz se coloca de imediato: "Ele está dizendo isso, mas será que é o que ele pensa de verdade? Ele está me dizendo isso, mas por que será?". Como indica Daniel Roy[12], os canais da demanda do neurótico se desfraldam no mal-entendido da fala; o objeto é aí perdido e ressurge como objeto que causa o desejo. A célebre história judaica relatada por Freud em *O chiste e sua relação com o inconsciente* ilustra isso perfeitamente:

> Dois judeus se encontram num vagão de trem, numa estação da Galícia. "Para onde você vai?", pergunta um deles. "Para Cracóvia", responde o outro. "Veja só que mentiroso você é!", protesta o outro. "Ao dizer que vai para Cracóvia, você quer que eu acredite que vai para Lemberg. Mas eu sei que você vai realmente para Cracóvia. Por que então a mentira?"[13]

Essa história mostra, de um modo cômico, que toda fala endereçada ao outro desencadeia nele uma interrogação que pode muito rapidamente se matizar com uma dimensão paranoide. Isso se deve ao que estamos chamando de intimação: a fala no cotidiano intima, de forma mais ou menos autoritária, conforme o desejo que a sustenta. Da forma interrogativa a uma forma injuntiva, o interlocutor se faz cada vez

---

[12]ROY, D. Quelque chose à leur dire. In: *Quarto*, n. 108, setembro de 2014, p. 24.
[13]FREUD, S. (1905) *Obras completas, volume 7: O chiste e sua relação com o inconsciente (1905)*. Trad. F. C. Mattos. São Paulo: Companhia das Letras, 2017, p. 165.

O AUTISTA E A MÚSICA: UM ENCONTRO FREQUENTEMENTE BEM-SUCEDIDO ▓ **143**

mais presente e deixa cada vez menos lugar para aquele a quem a fala é endereçada. Ora, "a criança autista não dá o seu consentimento à iniciativa do outro, ela não passa pelos mal-entendidos da demanda. Esses canais estão fechados"[14]. Além disso, para ela, a manifestação do desejo do Outro adquire um valor de aniquilação.

Não há nada disso na música: se ela se endereça a nós — não estamos convencidos, afinal, de que ela fala conosco? —, ela não nos intima. O que Claude Lévi-Strauss já havia formulado à sua maneira:

> É claro que a música também fala, mas unicamente em razão de sua relação negativa com a língua e porque, tendo se separado dela, a música conservou a marca em negativo de sua estrutura formal e de sua função semiótica: não poderia haver música se não existisse antes linguagem, da qual a primeira continua dependendo, como uma pertença privativa, por assim dizer. *A música é a linguagem menos o sentido.* Compreende-se, assim, que o ouvinte, que é antes de tudo um sujeito falante, sinta-se irresistivelmente levado a suprir o sentido ausente, como um amputado que atribui suas sensações ao membro perdido, quando estão antes situadas no coto.[15]

A música — linguagem menos sentido que o neurótico não deixará de vir reinstalar — guardaria um laço com a fala,

---

[14]ROY, D. Quelque chose à leur dire. In: *Quarto*, n. 108, setembro de 2014, p. 24.
[15]LÉVI-STRAUSS (1971) *O homem nu.* Trad. B. Perrone-Moisés. São Paulo: Cosac Naify, 2011 ("Mitológicas IV"), p. 624, grifo nosso.

mas em negativo. É esse a menos de sentido que permitiria ao autista apegar-se à música (uma voz assensata, mas nem por isso desvairada) quando a relação com a enunciação (uma voz carregando o desejo do Outro), seja ela a sua ou venha ela de outrem, é tão difícil de conceber.

O encontro do autista com a música lhe permitiria ter a experiência não traumática do encontro com um sonoro que faz ouvir um endereçamento, desconectado de toda e qualquer demanda e de toda e qualquer intimação, autorizando-o a ocupar um lugar no concerto do mundo. Lá onde só havia confusão, a música faz ouvir uma construção sonora que o autista se encarregará de decodificar para encontrar uma via, uma voz. *Fiat vox!* — poderíamos dizer. Se, como já lembramos, a palavra é a morte da coisa, a música seria a comemoração. Que se trate de entender aqui: comemoração da morte e da coisa, permitindo assim uma evocação e uma revogação dessa Coisa primordial na qual o sujeito deve poder se segurar sem, no entanto, submergir. Para o autista, poderíamos aventar que a música, encontrando a sua fonte no lugar da Coisa, lhe proporia uma estruturação. A história de vida de Antoine Ouellette e a sua experiência com a música vão nos permitir aclarar clinicamente as nossas propostas.

(Fazer-se) uma assinatura musical

Diagnosticado autista Asperger aos 47 anos de idade, Antoine Ouellette é um conhecido compositor que testemunha a forma como os seus interesses particulares lhe permitiram operar um tratamento do gozo e construir com o mundo uma relação certamente singular, mas na qual ele consegue fazer

O AUTISTA E A MÚSICA: UM ENCONTRO FREQUENTEMENTE BEM-SUCEDIDO **145**

ouvir a sua voz. O canto dos pássaros desempenha um papel central aí. Esse musicólogo e biólogo canadense fez dessa paixão uma *contemplação sinfônica* "inspirada nos cantos de pássaros do Québec"[16], sendo *Joie de Grives* [Alegria dos tordos] uma de suas principais peças musicais.

Do desvairado carrossel das ideias à sua colocação em forma musical

Muito cedo, a música constituiu uma atração irresistível para Antoine Ouellette. A escuta de *A criança e os sortilégios*, de Maurice Ravel, foi um encontro bem particular: "Foi o meu primeiro contato verdadeiro com a música clássica. Essa música me fascinava, ainda que, às vezes, ela me apavorasse. Mas até esse pavor eu adorava"[17]!

Transportado para um além do prazer, Antoine Ouellette escuta e reescuta incansavelmente a mesma música sem interrupção possível. "Sou todo ouvidos no instante presente"[18]. Tempo e Espaço estão aí suspensos, aprisionando-o num universo que não carece de nada. A palilalia torna-se então o sintoma de um gozo que entra em parafuso, gozo petrificado por excelência: "Ideias, musicais ou outras, podem ficar dando voltas pela minha cabeça até me cansar fisicamente, como num carrossel desvairado"[19].

---

[16]OUELLETTE, A. *Pulsations: petite histoire du beat.* Québec: Varia, 2017, p. 224.
[17]OUELLETTE, A. *Musique autiste: vivre et composer avec le syndrome d'Asperger.* Montréal: Triptyque, 2011, p. 49.
[18]*Ibid.*, p. 117.
[19]*Ibid.*, p. 296.

146 ▪ AUTISMO E MEDIAÇÃO

Esse efeito é produzido pelas músicas instrumentais que não possuem nem palavras, nem ritmos pronunciados demais: "Sem palavras, sem histórias: nenhum obstáculo verbal à música. Alegria!"[20]. Para esse compositor, as palavras constituem um parasita, elas "causam interferência"[21] na sua "audição musical"[22]. Em busca de uma continuidade, Antoine Ouellette se mantém à distância de todo e qualquer corte. Linguagem e música constituem o cerne do seu trabalho doutoral, que ele dedica ao estudo dos cantos de pássaros. Ele os repertoria conforme a função social: um canto para marcar território, um canto para o trabalho, outro para soar o alerta etc. Como desenvolvemos anteriormente, a linguagem é tomada no nível do signo. Tentativa de remover a opacidade da linguagem que constitui, para o autista, um zumbido — o *ruído da língua*[23] —, e torna o laço social impenetrável. Assim, Antoine Ouellette diz viver no "Absurdistão"[24]: um mundo onde a fala "[lhe] é escorregadia"[25]; um mundo que perdeu a razão. "Todo mundo delira, exceto os autistas"[26].

Um canto de pássaro particular focaliza a atenção de Antoine Ouellette. Esse canto não possui função social, ele é "uma música desinteressada, sem busca por poder, prestígio,

---

[20]*Ibid.*, p. 114.
[21]*Ibid.*, p. 65.
[22]*Ibid.*, p. 65.
[23]LAURENT, É. (2012) *A batalha do autismo: da clínica à política*. Trad. C. Berliner. Rio de Janeiro: Zahar, 2014, p. 115.
[24]OUELLETTE, A. *Musique autiste: vivre et composer avec le syndrome d'Asperger*. Montréal: Triptyque, 2011, p. 259.
[25]*Ibid.*, p. 64.
[26]BROUSSE, M.-H. Commentaires. In: *Rivages*, Bulletin de l'ACFECA, n. 25, outubro de 2018, p. 92.

O AUTISTA E A MÚSICA: UM ENCONTRO FREQUENTEMENTE BEM-SUCEDIDO 147

ganho profissional, reconhecimento"[27]. Um canto que não significa, que não diz nada! Esse canto seria produzido, segundo Antoine Ouellette, "para o prazer ou a necessidade irreprimível de criar"[28]. Foi essa mesma necessidade que o impeliu a se tornar compositor.

Uma música fractal renovando a relação com o caos

Para Antoine Ouellette, "criar música foi uma resposta à violência"[29]. A violência que está em questão deve ser entendida como violência da língua. O autista, como sabemos, está à mercê do objeto voz, na medida em que ele é "aquilo que carrega a presença de um sujeito em seu dizer"[30], e nele deve operar um tratamento. Apoiando-se nos dois centros de interesse que manifestou desde a infância — a música e o canto dos pássaros —, Antoine Ouellette vai efetuar uma verdadeira *Affinity therapy*[31] para encontrar uma relação possível com o mundo.

Ele explica a razão das suas escutas musicais iterativas: "Se eu escutava a música de uma forma tão atenta, era para compreender como ela era construída, a fim de chegar, eu mesmo, a compor uma"[32]. Ele encontra então duas

---

[27]OUELLETTE, A. *Le chant des oyseaux: comment la musique des oiseaux devient musique humaine* Montréal: Triptyque, 2008, p. 55.
[28]*Ibid.*.
[29]OUELLETTE, A. *Musique autiste: vivre et composer avec le syndrome d'Asperger.* Montréal: Triptyque, 2011, p. 113.
[30]MALEVAL, J.-C. (2009) *O autista e a sua voz.* Trad. P. S. de Souza Jr. São Paulo: Blucher, 2017, p. 91.
[31]SUSKIND, R. (2014) *Vida animada: uma história sobre autismo, heróis e amizade.* Trad. A. Ban. Rio de Janeiro: Objetiva, 2017.
[32]OUELLETTE, A. *Musique autiste: vivre et composer avec le syndrome d'Asperger.* Montréal: Triptyque, 2011, p. 119.

dificuldades capitais em seu trabalho de compositor: de um lado, o seu "interesse pelos pequenos detalhes"[33]; do outro, os cortes presentes entre cada nota num instrumento como o piano, impedindo-o de ter acesso à plenitude que ele busca. Antoine Ouellette vai então escrever composições totalmente únicas que não respeitam um enquadramento rítmico estrito. A sua música é uma transcrição do que ele tem na cabeça: "os cantos de pássaro resvalaram para minha música, ora de forma estilizada [...] ora de forma realista"[34]. Essa escrita musical vai transformar a sua palilalia numa solução. O primeiro tempo de criação — *contemplação* — consiste em "tocar incansavelmente essa ideia [aquela que se repete em sua cabeça], apertando o pedal de sustentação"[35]. Depois ele deixa a ideia se declinar em toda espécie de variações: "Repito de novo, demoradamente, as variações que me agradam. Noto por escrito ideia e variantes"[36]. Distanciamentos são assim introduzidos no *carrossel desvairado* que o tragava até então.

A obra que se escreve lhe permite passar do caos à harmonia. Com efeito, Antoine Ouellette considera o autismo não como um transtorno do desenvolvimento, mas como um *desenvolvimento de tipo caótico*: "Não faço referência aqui à simples desordem, menos ainda à desorganização, mas sim ao caos da *física do caos* e das matemáticas fractais"[37].

---

[33]*Ibid.*, p. 120.
[34]OUELLETTE, A. *Le chant des oyseaux: comment la musique des oiseaux devient musique humaine* Montréal: Triptyque, 2008, p. 11.
[35]OUELLETTE, A. *Musique autiste: vivre et composer avec le syndrome d'Asperger.* Montréal: Triptyque, 2011, p. 296.
[36]*Ibid.*, p. 297.
[37]*Ibid.*, p. 185.

O AUTISTA E A MÚSICA: UM ENCONTRO FREQUENTEMENTE BEM-SUCEDIDO **149**

Se a evolução de um sistema caótico é imprevisível, não deixa de ser verdade que ela caminha na direção de um equilíbrio a partir de mecanismos de repetição e de reiteração presentes nas matemáticas fractais por meio de um atrator chamado de *atrator de Lorenz*, ou ainda *atrator estranho*. Antoine Ouellette propõe então a seguinte analogia: "ele [o atrator estranho] assemelha-se incrivelmente aos interesses particulares dos autistas, também eles *atratores* frequentemente *estranhos*"[38]. Com isso, a afinidade do autista tem como função organizar um equilíbrio no caos do mundo do Outro.

É assim que, em sua obra, Antoine Ouellette tenta transformar comportamentos e palavras em eco através da música em toda espécie de formas: "Adoro fazer ressoar mil vibrações com poucos sons. Aliás, eu me dei conta de que a nota mi repetida vinha frequentemente carregada de angústia, como uma campainha ansiosa"[39]. Uma multiplicidade de variações em torno de um elemento que se repete. Temos aí a magnífica demonstração de um tratamento do gozo. Enquanto a palilalia reiterava infinitamente o elemento marcado por um gozo em excesso, Antoine Ouellette faz com que esse elemento *Um* entre em efeitos de ressonância e constrói assim uma armadilha de gozo. Como assinala Jean-Claude Maleval, "a música estetiza o gozo obsceno da voz"[40]. Assim, na obra de Antoine Ouellette, do caos ao equilíbrio, isola-se então uma harmonia:

---

[38]*Ibid.*, p. 185.
[39]*Ibid.*, p. 299.
[40]MALEVAL, J.-C. (2009) *O autista e a sua voz*. Trad. P. S. de Souza Jr. São Paulo: Blucher, 2017, p. 286.

150 ▪ AUTISMO E MEDIAÇÃO

Constato a presença marcada de uma harmonia precisa em minhas obras. É um acorde que sobrepõe o maior [...] e o menor [...]. Essa harmonia pode ser perfeitamente equilibrada, tranquila, flutuando como que em gravidade zero: as forças dissociativas (maior e menor) são harmonizadas. Mas noutros momentos ela se carrega de tensão e cria dissonâncias sustentadas: as forças dissociativas se exercem, o equilíbrio interno é ameaçado ou quebrado. [...] A minha música me indica que essa harmonização nunca está de todo garantida.[41]

Essa harmonia, Antoine Ouellette a qualifica como "melodias em eco"[42], e elas constituem a sua "assinatura sonora"[43]. Sua obra musical, *em gravidade zero*, fora do campo terrestre, está sobretudo fora do campo do Outro. Aliás, quando as suas composições começam a ser interpretadas, não é a recepção do público que lhe importa, mas "a confrontação [...] com a realidade física e acústica da música"[44]. Contrariamente a Joyce[45], Antoine Ouellette não quer se fazer um nome, mas está em busca de uma *assinatura sonora* que é, em si mesma, um tratamento do zumbido da língua pela escrita musical, registro particular da letra. A obra de Antoine Ouellette não se inscreve no campo do Outro, mas no de

---

[41]OUELLETTE, A. *Musique autiste: vivre et composer avec le syndrome d'Asperger*. Montréal: Triptyque, 2011, p. 299.
[42]*Ibid.*, p. 298.
[43]*Ibid.*, p. 298.
[44]*Ibid.*, p. 127.
[45]Cf. LACAN, J. (1975-1976) *O seminário, livro 23: o sinthoma*. Trad. S. Laia. Rio de Janeiro: Zahar, 2007.

um "Um sozinho"[46], à mercê de lalíngua. Que "pássaro engraçado"[47]! Esse sintagma, que ele atribui a si mesmo, não viria nomear a sua singularidade absoluta, que ele acha por onde alojar na sua assinatura sonora. *Pássaro engraçado*, uma assinatura sintomática. Com base nisso, poderíamos aventar que o *fazer-se um nome* da psicose corresponde, no autismo, à necessidade de *encontrar-se uma assinatura*. Assinatura que viria "arranhar" o "quase nada" da perda primordial e concederia, assim, à pessoa autista um enganche no mundo.

---

[46]MILLER, J.-A. (2011) "L'orientation lacanienne: L'Un tout seul", curso ministrado junto ao Departamento de Psicanálise da Universidade Paris VIII, 2010-2011.
[47]OUELLETTE, A. *Le chant des oyseaux: comment la musique des oiseaux devient musique humaine* Montréal: Triptyque, 2008, p. 10.

Bricolar-se uma assinatura

O que podemos reter ao final deste percurso? Alguns elementos nos parecem essenciais na abordagem do atendimento de pessoas autistas; nós nos dedicaremos a precisá-los neste epílogo.

Em primeiro lugar, um ponto no qual nos permitiremos insistir é a utilização do objeto no âmbito do tratamento. Para a criança autista, o objeto não é um objeto que se encontra criado — como objeto transicional —, mas um objeto que é uma parte dela própria. Todos os envolvidos sabem a dor que o autista expressa quando esse objeto lhe é tirado: um verdadeiro arrancamento. Isso se explica pelo fato de que, embora possua uma função aprisionadora, ele é sobretudo uma forma de tornar seguro o mundo do autista. Além disso, mais que privá-los do objeto *deles*, parece-nos essencial que nós nos apoiemos nele para colocá-lo em movimento. O conjunto das "estratégias" implementadas pelas pessoas autistas — estereotipias, ecolalia, palilalia, interesse específico etc. — inscrevem-se na mesma lógica. Essas manifestações são, na maior parte do tempo, extremamente perturbadoras para o círculo próximo, e a tentação de querer fazer com que elas desapareçam é frequentemente grande. Embora se possa compreender o desespero das pessoas próximas e dos profissionais que lhe são confrontados, sustentamos a importância de respeitar esses comportamentos como primeiras defesas diante do real com o qual a criança autista é confrontada. A intervenção do clínico visará, num primeiro momento, acolher essas estratégias espontaneamente implementadas pelas pessoas autistas. Todo o desafio do acompanhamento será, então, o de bricolar a partir dessas manifestações para fazê-las advir como solução. A situação de Leo — exposta no início desta obra — é testemunha disso. O carrinho, objeto de contemplação no qual ele podia se perder, foi colocado em marcha para investir diferentes lugares, ir ao encontro de outros veículos e desembocar numa interação com o analista. O que estava estanque, parado, preso numa ressonância petrificada, se vê então recolocado em movimento, integrando o outro. Para Baptiste, a estereotipia — que consiste em agitar lenços de papel na frente dos olhos — se viu abarcada, por intermédio do grupo terapêutico, num relato em que o lenço, substituído pelo fantoche, permitiu que ele ocupasse um lugar no campo do Outro. O gozo, até então aprisionado numa fortaleza e retornando nas estereotipias, encontra um tablado onde a esquisitice se vê elevada à dignidade de um estilo. Em ambos os casos, trata-se de uma passagem do transido autístico ao trânsito, implicando uma primeira forma de alteridade. O que era estratégia de defesa advém como solução que autoriza uma abertura ao Outro, numa fala sonorizada ou não. A questão do endereçamento então se coloca.

As pessoas autistas, procurando evitar toda e qualquer confrontação com a presença do sujeito — tanto a delas quanto a do outro —, não suportam que lhes chamem. Convém, com base nisso, ficar extremamente atento à forma como nos endereçamos a elas. Todos os clínicos que trabalharam com autistas puderam identificar o quanto era importante atenuar a sua presença e difratar a questão do endereçamento. Trata-se aí de uma bricolagem no sentido que o termo possuía em 1611[1]: "jogar utilizando a tabela", como no bilhar. A manobra analítica implica não conectar diretamente o lugar da enunciação com o do endereçamento, condição que possibilita o estabelecimento de um contato com a pessoa autista. O ricochete, então constituído, é uma forma de criar um endereçamento que não intima.

Com efeito, a intimação faz brotar na voz uma dimensão à qual ninguém pode escapar e que se revela insuportável para o autista. Essa dimensão, nós a abordamos a partir do timbre, que transformamos em um nome para o real da voz: o timbre é aquilo por meio do qual se manifesta, no campo do sonoro, a articulação do sujeito e do corpo. E é justamente para fazer frente a esse peso do sujeito que emerge em toda enunciação que o autista implementa estratégias que identificamos com as categorias de anula-timbre (voz destimbrada e não sonorização) e de abafa-timbre (voz cantarolada e ecolalia/ palilalia). Esses arranjos testemunham um traquejo com esse real da voz e permitem que o autista se inscreva *a minima* no campo da fala.

Nenhuma solução pronta é vislumbrável no autismo. Uma única orientação se impõe: fazer sob medida, colocando-se à

---

[1]Cf. "Introdução".

156 ■ AUTISMO E MEDIAÇÃO

escuta daquilo que cada um deles têm a dizer. Para tanto, apoiar-se no que se apresenta como sintomático é indispensável. Com efeito, embora um sintoma seja o que faz sofrer, ele possui uma conexão com o real; conexão a partir da qual se pode bricolar um traquejo com o gozo. Como o exemplo de Antoine Ouellette nos mostra, as estratégias podem complexificar ao extremo um sintoma — aqui, a palilalia — para dar lugar a uma obra. De certo, nem todos os acompanhamentos de pessoas autistas levam a produzir uma obra. Essa saída não deve constituir um ideal, mas posicioná-la como ponto de fuga permite apreender, com a maior seriedade, as produções que emergem durante as sessões. Supor no autista um criador[2] é dedicar-se à questão do estilo, isto é, da sua relação com o real. Estilo que pode torná-lo, ao mesmo tempo, singular e semelhante aos outros. É autorizá-lo, *in fine*, a se bricolar uma assinatura para que uma possibilidade de ser no mundo possa advir a partir da sua singularidade absoluta. Esta não o torna necessariamente menos estranho aos olhos dos outros, mas lhe autoriza um lugar em que o "Será?"[3], pergunta primordial para o autista, pode encontrar onde se alojar e ser acolhida.

---

[2]Sobre esse tema, remetemos o leitor à obra coletiva organizada por DRUEL, G. *L'autiste créateur: inventions singulières et lien social*. Rennes: Presses Universitaires de Rennes, 2013.
[3]Ver nota 31 do capítulo 2.

Este livro foi impresso em julho de 2022
pela Gráfica Ogra para Aller Editora.
A fonte usada no miolo é Palatino Linotype corpo 10,5.
O papel do miolo é Off White 80 g/m².